U0918753

游　历　古　文　明

TREASURES of ANGKOR

吴哥的瑰宝

[意] 马里利亚·阿尔巴内塞（Marilia Albanese）著　张晓晗 译

華中科技大學出版社
http://www.hustp.com
中国·武汉

图书在版编目（CIP）数据

吴哥的瑰宝/（意）马里利亚·阿尔巴内塞（Marilia Albanese）著；张晓晗译.—武汉：华中科技大学出版社，2020.9
（游历古文明）
ISBN 978-7-5680-6418-7

Ⅰ.①吴… Ⅱ.①马… ②张… Ⅲ.①吴哥窟-介绍 Ⅳ.①K933.57

中国版本图书馆CIP数据核字（2020）第149391号

This edition first published in China in 2020 by Huazhong University of Science and Technology Press, Wuhan City.

吴哥的瑰宝
Wuge de Guibao

［意］马里利亚·阿尔巴内塞（Marilia Albanese） 著
张晓晗 译

出版发行：华中科技大学出版社（中国·武汉） 电话：(027) 81321913
北京有书至美文化传媒有限公司 电话：(010) 67326910-6023
出 版 人：阮海洪

责任编辑：莽 昱 杨梦楚
责任监印：徐 露 郑红红 封面设计：邱 宏

制 作：北京博逸文化传播有限公司
印 刷：广东省博罗县园洲勤达印务有限公司
开 本：889mm × 1092mm 1/32
印 张：9
字 数：100千字
版 次：2020年9月第1版第1次印刷
定 价：108.00元

目录

5
4
6

引言

世界上鲜有什么地方能像吴哥一样令人心驰神往，这里曾是伟大高棉帝国的心脏，于9世纪到13世纪间在中南半岛区域兴盛一时，而如今的吴哥已成为一座宏伟的考古公园。高棉人居住在今天柬埔寨（“Cambodia”一词源自梵语中的一个阳性词语“Kambuja”，意为坎布后代的土地，坎布是神话中的苦行者）所在区域，他们充分利用吴哥平原的特点创造了令人惊叹的水利系统，这一系统将水塘、运河、稻田结合在一起，不仅保证了上百万人的日常生计，同时也带来了丰厚的财富，为日后大兴土木提供了资金保障。

高棉的历代国王都胸怀谋略，能征善战，他们从印度的王权观念以及当地的神灵崇拜与神化的祖先那里汲取灵感，仿照须弥山的形态建造了金字塔形状的庙宇，用来代表在印度教神话中宇宙中心须弥山的形象。此外，开阔的水池中映着一座座神庙的倒影，护城河除蓄水功能还具有神话中海洋的象征意义。最终呈现在他们面前的场景宛若一张流动的棋盘，上面分布着神庙、木屋、竹房，集市熙攘，路上车水马龙，水中木筏穿梭，人与动物怡然自得。富有生机的生活场景在巴戎寺墙壁上被精细而鲜活地描绘出来，这也许是高棉的艺术天才们至高无上的杰作。高棉国王们相信是神明赋予了自己统治的权力，并认为自己就是神的化身，他们通过庙宇中的碑文记录自己的思想和生平留给子孙后代。

想要重现高棉世界鼎盛时期的最终状态，另一个宝贵资料是中国使节周达观所写的《真腊风土记》，他在1296年8月到1297年7月间出访吴哥。

尽管在几个世纪的变迁中这座伟大的首都涌现出诸多繁荣的城区，然而最终留在吴哥的却只有那一座座被草木侵占的庙宇。植被占据了昔日人类栖息的家园，在石缝间恣意生长，盘根错节，像一个错综复杂的迷宫；的确，盘踞在建筑上的植物为吴哥庙宇那不可言说的艺术之美增添了一种古老的神秘气息。不论是黎明在巴肯山顶端聆听树林中美妙的天籁，还是在夕阳的余晖中在王宫旁的水塘边或是圣皮度寺遗址漫步，抑或是在月光下在王家浴池边打坐冥想，无论哪一种都令人沉醉其中，这种快乐远远超越了审美的愉悦。

P6：巴戎寺壁雕上舞动的飞天女神

P7：西北水池中吴哥窟的倒影

游览建议

本书将按照景点值得游览程度推荐行程，尽量考虑到游览顺序和受光照影响的最佳游览时间，景点的热度不是衡量因素。考古公园的开放时间为上午5：30到下午5：30。游客可以购买一日游、三日游或七日游门票，三种门票当前的价格分别为20美元、40美元和60美元。此外，游客还需要带上一张护照规格的照片。各个景点的间距不远，因此徒步游览吴哥窟也没有问题，还可以选择租赁自行车或乘坐电动车、人力三轮车、突突车、电动出租车、出租车以及小面包车游览。

一日游

必看经典

上午：游览吴哥窟。如果时间充裕，可以继续游览巴云寺、豆蔻寺或托玛侬神庙。

下午：游览吴哥王城。从南门进入王城，游览战象平台、癞王平台、巴戎寺。

两日游

品味古老精美的寺庙装饰，欣赏雕刻艺术的典范

第一天

上午：游览罗洛士遗址中的神牛寺、巴空寺、洛雷寺。

下午：游览女王宫。

傍晚：游览比粒寺。

第二天

上午：游览吴哥窟。如果时间充裕，可以继续游览巴云寺、豆蔻寺或托玛侬神庙。

下午：游览吴哥王城。从南门进入王城，游览战象平台、癞王平台、巴戎寺。

三日游

畅游涵盖了民居的大型寺庙建筑群

第一天

上午：游览罗洛士遗址中的神牛寺、巴空寺、洛雷寺。

下午：游览女王宫。

傍晚：游览比粒寺。

第二天

清晨：游览吴哥窟。如果时间充裕，可以继续游览托玛侬神庙和周萨神庙，或茶胶寺和石桥。

下午：游览圣剑寺、涅槃宫、巴云寺。

傍晚：骑大象游览巴肯山。

第三天

清晨：游览吴哥王城、吴哥王城胜利门、巴戎寺、巴芳寺、癞王平台和战象平台，以及王家宫殿、水池、空中宫殿。如果时间充裕，可以继续游览普拉帕利雷寺。

下午：游览豆蔻寺、班迭哥迪、王家浴池。

傍晚：游览塔布隆寺。

四日游

游遍吴哥庙宇精髓

第一日

上午：游览罗洛士遗址中的神牛寺、巴空寺、洛雷寺。

下午：游览豆蔻寺、东梅奔、茶胶寺、石桥、巴云寺、帕沙贝寺。

傍晚：骑大象游览巴肯山。

第二日

清晨：游览女王宫、高布斯滨。

下午：游览班迭萨雷。

傍晚：游览比粒寺。

第三日

上午：游览吴哥窟。如果时间充裕，可以继续游览塔普伦寺、托玛依神庙、周萨神庙。

下午：游览塔萨寺、圣剑寺、普赛普雷寺、班德普瑞寺、牛场寺。

傍晚：游览涅槃宫。

第四日

清晨：游览吴哥王城。从南门进入王城，游览巴戎寺、巴芳寺、癞王平台，以及战象平台、王家宫殿、水池、空中宫殿，如果时间充裕可以继续游览提琶南和普拉帕利雷寺。

下午：班迭哥迪、王家浴池。

傍晚：塔布隆寺。

致读者

本书推荐了几个游览庙宇的优选行程，但这些不是唯一的路线。水池和护城河到了旱季干涸少水，每逢雨季又蓄水充盈，这些变化为规划行程增加了难度。书中提及的寺庙名字遵照了现在当地人使用的名字。吴哥庙宇中琳琅满目的精美浮雕，这里无法一一介绍，只能有选择地为大家展示其中最具代表性的。另外，梵文词语在本书中以音译的方式转化为一种简单的文字，同时，为方便阅读省略了梵文中的变音符号。

“柬埔寨”一词源于梵文“Kambuja”，意为“坎布（Kanbu）之国”。

P8：提琶南寺中端坐在蛇神那伽身上的现代佛像

P9：端坐在蛇神那伽身上的佛像（12世纪），现藏于曼谷国家博物馆

P10：浮雕上由涡卷花纹图案环绕的诵经者

P11：巴戎寺中阇耶跋摩七世的面部雕像

P14—15：吴哥窟长廊壁雕中的战士群像

五日游

探索的乐趣

第一日

上午：游览罗洛士遗址中的神牛寺、巴空寺、洛雷寺。

下午：游览巴云寺、帕沙贝寺、豆蔻寺、巴琼寺、东梅奔、因陀罗三象寺。

傍晚：比粒寺

第二日

清晨：游览女王宫、高布斯滨。

下午：游览托玛侬神庙、周萨神庙、石桥、茶胶寺。

傍晚：游览塔布隆寺。

第三日

清晨：黎明时分游览巴肯河，然后游览吴哥窟、塔普伦寺。

下午：塔萨寺、圣剑寺、普赛普雷寺、班德普瑞寺、牛场寺。

傍晚：游览涅槃宫。

第四日

清晨：游览吴哥王城。从南门进入王城，游览巴戎寺、巴芳寺、癞王平台，和战象平台、王家宫殿、水池、空中宫殿，如果时间充裕可以继续游览提琶南和普拉帕利雷寺。

下午：从吴哥王城胜利门或东门进入（汽车无法穿行，需要步行或乘坐摩托），游览十二塔庙、喀霖寺，以及上午没来得及游览的景点。

傍晚：游览圣皮度寺。

第五日

清晨：游览布寺、班迭萨雷。

下午：游览塔内寺、青戎塔、库提斯跋罗寺，漫步班迭哥迪，欣赏壁雕。

傍晚：游览王家浴池。

考古公园外部的游览建议

暹粒市内：因陀罗考尔赛寺

西池，亚扬寺，西梅奔寺

荣寺和洞里萨湖，跨度11千米

周穗韦伯寺，跨度2500米

1 亚扬寺（Ak Yum）
2 西池（West Baray，又译为西大人工湖或西水库）
3 西梅奔寺（West Mebon）
4 巴芳寺（Baphuon，又译为巴普昂寺）
5 空中宫殿（Phimeanakas）
6 王家宫殿（The Royal Palace）
7 青戎塔（Prasat Chrung）
8 普拉帕利雷寺（Preah Palilay）
9 提琶南（Tep Pranam）
10 癞王平台（Terrace of The Leper King）
11 十二塔庙（Prasat Suor Prat）
12 吴哥王城胜利门（Victory Gate）
13 圣皮度寺（Preah Pithu，又译为普拉皮图寺）
14 吴哥王城（Angkor Thom，又译为通王城或大吴哥）
15 喀霖寺（Khleang）
16 巴戎寺（Bayon）
17 战象平台（Terrace of The Elephants）
18 罗梅寺（Krol Romeas，又译为养生寺）
19 班德普瑞寺（Banteay Prei）
20 普赛普雷寺（Prasat Prei）
21 圣剑寺（Preah Khan）
22 托玛依神庙（Thommanon）
23 石桥（Spean Thma）
24 周萨神庙（Chau Say Tevoda）
25 帕沙贝寺（Prasat Bei，又译为三连寺）
26 巴肯山（Phnom Bakheng）

27 塔普伦寺（Ta Prohm Kel）
28 巴云寺（Baksei Chamkrong）
29 吴哥窟（Angkor Vat）
30 荣寺（Phnom Krom）
31 高布斯滨（Kbal Spean）
32 女王宫（Banteay Srei，又译为班蒂斯蕾）
33 牛场寺（Krol Ko）
34 涅槃宫（Neak Pean，又译为龙蟠水池）
35 塔内寺（Ta Nei）
36 茶胶寺（Ta Keo，又译为塔高寺）
37 塔布隆寺（Ta Prohm）
38 库提斯跋罗寺（Kutishvara）
39 东梅奔（East Mebon）
40 比粒寺（Pre Rup）
41 班迭哥迪（Banteay Kdei）
42 豆蔻寺（Prasat Kravan）
43 巴琼寺（Prasat Bat Chum）
44 王家浴池（Srah Srang）
45 塔萨寺（Ta Som）
46 因陀罗三象寺（Prasat Leak Neang）
47 班迭萨雷（Banteay Samré）
48 布寺（Phnom Bok）
49 洛雷寺（Lolei）
50 神牛寺（Preah Ko）
51 巴空寺（Bakong）
52 周穗韦伯寺（Chau Srei Vibol）

32
33
34
45
39
38
40
46
47
48
52
44
41
43
42
49
50
51
0
5000米

前吴哥时期

扶南国

早在公元前3世纪就有人居住在今天的柬埔寨地区，只是一直没有历史记载。直到基督纪元，帝国在暹罗湾崛起，才被载入史册。这就是中国史书中记录的扶南国，“扶南”一词源自高棉语“bnam”，据说取自“山”的含义。扶南国的创立要追溯到憍陈如（Kaundinya II），他在梦中得到召唤，从印度来到柬埔寨，娶了当地的公主索玛（Soma），索玛是众多蛇神那伽中的一位，这是一个颇具神话色彩的开端。据说是他们的儿子建立了扶南的第一个王朝——憍陈如王朝。5世纪，憍陈如二世从印度来到柬埔寨，恢复了一度被摒弃的印度习俗。从国王憍陈如·阇耶跋摩（Kaundinya Jayavarman，478—514年在位）开始，扶南统治者的历史地位逐渐显露出来。有学者认为，当时的都城瓦德哈普拉（Vyadhapura）建在巴峰山（Ba Phnom）脚下。514年，留陀跋摩（Rudravarman）登基，定都吴哥博雷（Angkor Borei），据说他在那里生活到539年以后。这一时期最杰出的艺术作品是雕塑，该时期的雕塑属于达山风格（Phnom Da style，540—600年），以金边以南、吴哥博雷①附近的神圣崛起②而得名。

P16：弥勒菩萨的铜制头像，现藏于曼谷国家博物馆

P17左图：雕刻古代高棉神明的石碑（10世纪）

P17右图：7—8世纪间石碑，现藏于金边国家博物馆

由于君主信奉毗湿奴，这些刻在片岩或砂岩上的雕塑作品多由毗湿奴的画像和与他有关的人物组成。而湿婆崇拜则由各式的林伽形象体现，这一时期出现了诃利诃罗（Harihara）形象的雕刻，他的身体一半是湿婆，一半是毗湿奴。雕塑中出现了支撑人物头部和手臂的拱形和圆形结构，暴露了雕刻工匠对作品稳定性的担心。

达山风格时期出现了第一批佛像，佛像呈站立姿态，长袍垂到脚边，这样的造型确保了雕像的稳定性，工匠不需要利用支撑物稳定雕像。经文记载，佛陀有三十二相，在高棉艺术中出现最多的是“顶成肉髻相”[③]，在头顶盘发卷或发髻使头顶凸起，象征涅槃，此外佛陀在了断尘缘之前就佩戴沉甸甸的耳环，耳环的重量使耳垂低坠。

与佛陀同列的是菩萨（bodhisattva），菩萨受到感召留在凡间博施济众，帮众生脱离苦海。其中最广为人知的是“菩萨悲悯，俯瞰众生”的观世音菩萨（Avalokiteshvara），高棉人称其为“Lokeshvara”，即世界之王，亦称之为弥勒菩萨（Maitreya），意为未来佛祖。

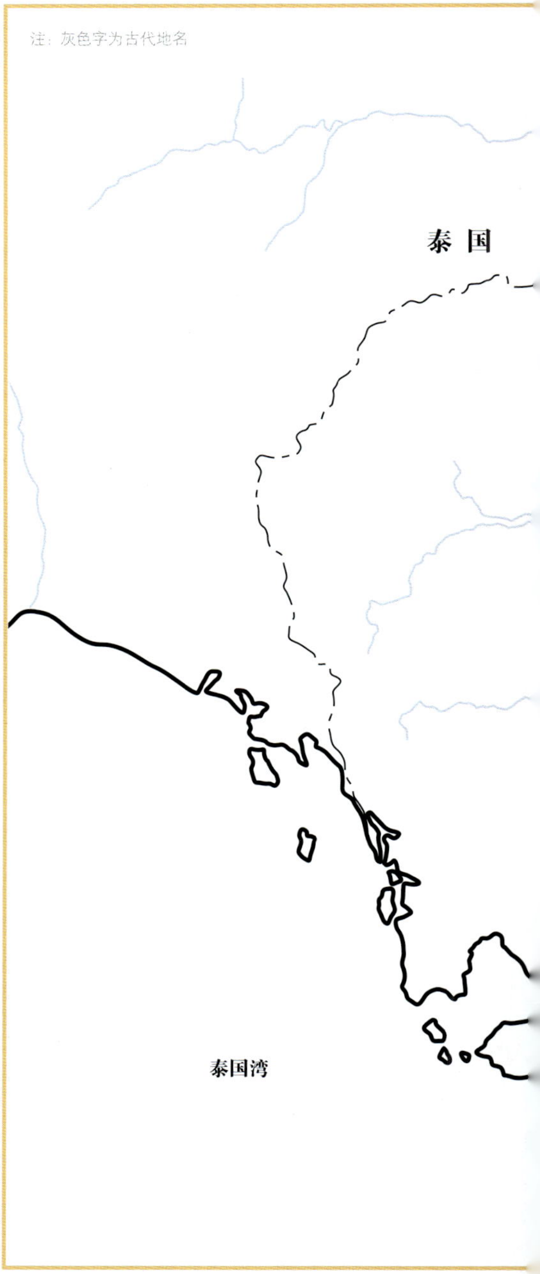

注：灰色字为古代地名

泰国

泰国湾

①吴哥博雷，柬埔寨茶胶省下属的一个县，位于首都金边以南。所在的茶胶省是扶南国的中心，而吴哥博雷是扶南国的重要港口（也有资料称这里曾是扶南国的国都）。——译者注，本文注释均为译者注，后文不再一一标注

②据说吴哥博雷曾是扶南国的国都，神圣崛起指在此地建立扶南国这一创举。

③顶成肉髻相（ushnisha），指佛陀三十二相中的第三十二相，意为佛陀头顶有肉隆起，好似发髻的形状。

P18—19：地图中圆圈的范围标志着吴哥的发展历程

P21：地图为吴哥崛起前的岗伽王国（The Kambuja Kingdoms，地图是在现代地图基础上标出了5—7世纪扶南国及周边各国的分布）

老挝

荔枝山

玛汉德拉帕瓦塔（古城）

隆占

暹粒

诃里诃罗洛耶（古城）

（现罗洛士遗迹群）

洞里萨湖

湄公河

越南

柬埔寨

真腊与高棉开国王朝

高棉曾是扶南的属国，后来高棉人从湄南河（Menam River）上游出发，经由门河（Mun River）河谷到达湄公河。5世纪，高棉人在洞里萨湖南岸首次独立，中国史料记载为真腊王国，并提到当时的两位国王司鲁塔跋摩①和其子司里士撒跋摩②，真腊将都城建在司里斯沙普拉（Shreshthapura），位于今天老挝的南部。在今天的磅同市（Kompong Thom），当时的巴瓦普拉（Bhavapura）建立的高棉王国对柬埔寨后来的历史产生了深远影响。高棉民族历史上的著名统治者，真腊国国王伊奢那跋摩一世③于612年至628年间彻底征服了扶南，定都三波坡雷古（Sambor Prei Kuk），更名为伊奢那城（Ishanapura）。

经历了几番动荡之后，657年，阇耶跋摩一世（Jayavarman I，657—681年在位）重新控制了真腊，他死后的公元700年，真腊分裂成若干公国，包括湄公河上的香普普拉（Shambhupura）或桑博尔公国（Sambor），716年，统治者普什伽罗库沙（Pushkaraksha）宣称自己是岗伽王国所有领地的国王。根据中国史料记载，8世纪初期有两个真腊，“陆真腊”和“水真腊”。地处古真腊领土上的陆真腊得到了统一，而水真腊则由原属扶南国的几处封地组成。普什伽罗库沙国王的儿子沙穆布跋摩（Shambhuvarman）和他的继承人罗贞陀罗跋摩一世（Rajendravarman I，944—968年在位）一直控制着水真腊的大部分地区，直到8世纪末，马来人和爪哇人统治了诸多高棉公国。

这一时期出现了四种艺术风格，第一种是三波坡雷古风格（Sambor Prei Kuk style，600—650年），以首都所在地巴瓦普拉命名，位于今天磅同市北部35千米处，距离吴哥东南140千米。这种风格为后来的高棉建筑奠定了基础。庙宇或塔殿中有呈方形或长方形的窄小内殿（庙宇墙壁围成的空间），内殿只有一个入口，外墙带有微凸的壁柱，庙宇顶端是呈阶梯状的金字塔结构。凹陷和凸起的运用逐渐增加，建筑中壁柱的数量也随之增多。通常入口设在塔殿朝东的一面，其他三面均有假门，内殿的顶端呈逐级缩小的金字塔结构，每一面都完全相同。

门和门楣均由砂岩制成。门楣下的两根圆柱组成了入口的门框，柱子的顶端呈待放蓓蕾的形态，好似一条用花饰装点的头巾，这样的门框设计是印度建筑的遗风。门楣是高棉文化的发展中最重要的元素，这个时期的门楣上雕刻着两只摩伽罗（makara），它们用仰起的下巴托举起拱形图案，摩伽罗是头上长角的水中神兽。门楣过梁上横向排列着三枚徽章样式的浮雕，上面雕刻着动物图案或神明图案，门楣的下半部分用花

---

①司鲁塔跋摩（Shrutavarman），435—495年在位。

②司里士撒瓦曼（Shreshthavarman），495—530年在位，司鲁塔跋摩之子。

③伊奢那跋摩一世（Ishanavarman I，活跃于7世纪初叶）为真腊统治者，区别于吴哥王朝国王伊奢那跋摩二世（923—928年在位）。

老挝

泰国

占婆

吴哥

陆真腊

真腊

扶南

柬埔寨

越南

水真腊

泰国湾

P22左侧雕塑：在图奥堪奈普（Tuol Kamnap）发现的杜尔迦雕像（7世纪），现藏于金边国家博物馆

P22右侧雕塑：原供奉在安岱寺中的诃利诃罗雕像（7世纪），现藏于金边国家博物馆

P23：出土于三波坡雷古的杜尔迦雕像（7世纪），现藏于金边国家博物馆

环和各式的植物造型做装饰，并配有珠宝和吊坠点缀。有时门楣过梁的图案是蛇神那伽或多头蛇，而摩伽罗的形象则被骑着神兽的人物取代，过梁下半部分是各式人物造型的浮雕。

三波坡雷古风格的雕塑作品呈现解剖学特征，因而倍加值得关注。雕塑中的男性形象身材苗条，圆润的脸庞上漾着一抹不易察觉的微笑。这个时期首次出现了女性形象的雕塑，她们胸部丰满，身着一件裹在肚脐位置的长裙，裙子或带有褶皱装饰，或平整不带褶皱。在众多人物形象中最引人注目的是杜尔迦（Durga）的雕像，她是湿婆的配偶，在高棉文明中，又被视为毗湿奴的姐妹。

波利敏风格（Prei Kmeng style，635—700年）盛行时期，雕像作品中的女性形象有所增加，这种风格以西池西南方向的一座寺庙命名，这一时期的雕刻首次出现了梵天（Brahma）的形象，神像手握的可拆卸的金属配饰也在这一时期得到广泛使用。先前细小的柱子变得粗大，门楣上的装饰也变得更为繁复，门楣上摩伽罗的形象被位于两端或处于中间的大型人物像代替，架于柱子上的拱顶较之前棱角更为分明。

安岱寺风格（Prasat Andet style，7—8世纪）以今天磅同市附近的一个地方命名，其特征是对过去几个时期雕塑元素的发展提升：非常注重人体的解剖细节，当时的解剖是在没有辅助支撑的场地完成的，这一时期的雕塑中男性雕像的面部留着小胡子。毗湿奴，诃利诃罗和印度教的圣母提毗（Devi）是这个时期雕塑中最常见的人物。

接下来的磅波列风格（Kompong Preah style，706—800年）集中出现在菩萨市（Pursat）附近，这一时期的雕刻在美感上逊于上一个时期，人物的肢体变得沉重笨拙，面部表情也显得冷淡呆板。这一时期的建筑中，雕刻着精美花瓣的小圆柱围成的环形建筑增多，门楣上的浮雕图案不再出现徽章或植物装饰，而是层层叠叠的叶子中间挽一个结，形成了门楣下半部分凸起的吊坠。

吴哥时期

帝国的中心

9世纪见证了吴哥艺术日益繁盛的过程，艺术作品几乎都诞生在吴哥所在的广阔区域，唯一的例外是距离吴哥85千米远的贡开。首都的历史要追溯到802年阇耶跋摩二世（Jayavarman II，790—850年）在荔枝山上举办的规模宏大的开国大典，他们庆祝岗伽王国摆脱了爪哇人的统治，获得独立。“首都”在梵语中是“nagara”，高棉语“angkor”正源于这个词。同年举办了膜拜神王提婆罗阇[①]的崇拜典礼，神王是天神（devas）在人间的化身，拥有宇宙的神力。荔枝山风格（Phnom Kulen style，802—875年）以一座山的名字命名。这一时期的建筑中，支撑拱消失了，但是仅有的男性形象的雕塑变得更加宏大。一些雕刻中的人像出现了眉毛，使得人物表情更加灵动。这一时期的雕刻中还首次出现了王冠。建筑的主体由砖构成，门和窗由砂石筑成。除了沿用传统的细小圆柱，还首次使用了四棱柱和八棱柱，其中四棱柱的运用是这一时期建筑的突出特征。吊坠成为门楣上植物装饰雕刻的重要元素。

诃里诃罗洛耶（Hariharalaya，也可译作“诃利诃罗洛耶”）古城建在今天的罗洛士遗址附近，这是吴哥人第一次在后来成为吴哥王国的土地上建立家园。阇耶跋摩二世去世后，他的继承人阇耶跋摩三世（Jayavarman III，850—877年在位）在诃里诃罗洛耶古城建立了瑞孟提寺（Prei Monti）。然而因陀罗跋摩一世（Indravarman I，877—889年）才称得上是吴哥首屈一指的伟大统治者，他在位期间完成了很多里程碑式的创举。877年，动工开凿洛雷寺所在的因陀罗塔塔迦湖[②]中的小岛是将建筑与水池相结合的开始，人工蓄水池兼具实用和象征意义，同时标志着吴哥的日渐兴盛。此外，因陀罗跋摩一世还修建了神牛寺和巴空寺。

神牛寺风格（Preah Ko style，877—889年）在因陀罗跋摩一世在位期间盛行，以灵动活泼著称，尽管依然保留肢体笨重的特点。人物有衣领般的胡子是这一时期雕刻的显著特点，将人脸描绘得宽大却鲜有表情。人物的发髻分为不同的样式，冠状头饰上的两根飘带延伸到头部两侧耳朵的位置，头饰上装饰着繁复的图案，例如毗湿奴的头饰图案是八角宝塔。人物的王冠常常系在脖颈的后侧。这一时期建筑的显著特征是浅浮雕，我们先以巴空寺的浅浮雕为例。

寺庙被同心的围墙环绕，入口处有塔楼。一座座塔殿在基座上依次排开，塔殿的砖墙内有砂岩壁龛，里面有一男一女两尊守门天（dvarapala，寺庙的守护神）浮雕。这一时期还见证了神秘建筑“藏经阁”的落成，第一座寺庙山就此出现。高棉艺术中最精美的门楣也出现在这一时期：门楣的中间是恶魔伽罗

---

①神王提婆罗阇（Devaraja），统治者自称是天神在人间的化身，这是一种神化君主的宗教信仰，教导民众相信国王是一位神圣的万能统治者。

②因陀罗塔塔迦湖（Indratataka），因陀罗跋摩一世修建的人工湖。

P24：巴芳风格的佛像细节图，现藏于巴黎吉美博物馆

P25：原供奉于荔枝山的毗湿奴像（9世纪），现藏于金边国家博物馆

P26：巴肯风格的毗湿奴头像（10世纪），现藏于巴黎吉美博物馆

P27：贡开风格的雕像，正在搏斗的婆黎（Valin）和须羯哩婆（Sugriva），现藏于金边国家博物馆

（Kala）托起两个美丽的花环，门楣两端是两头海兽摩伽罗扭头看向身后，以及几个骑马或骑三头蛇神那伽的小人。另一个经常出现的中心图案是骑着大鹏金翅鸟迦楼罗（Garuda）的毗湿奴，神鸟迦楼罗是毗湿奴的坐骑。

因陀罗跋摩一世去世时，高棉的统治范围已经扩展到北边的乌汶（Ubon）和泰国，南至处在岗伽边境的巴彦山（Phnom Bayang）。他的继任者耶输跋摩一世（Yashovarman，889—900年在位）继承了父亲的国土，建造了东池保障新首都因陀罗补罗的供水需求。此外，他还在巴肯山上修建了重要庙宇，在荣山和布山上分别修建了荣寺和布寺。巴肯风格（Bakheng style，889—925）强调雕像的面部表现，以反复雕琢的方式突出眼睛和嘴部，而眉弓的雕刻线条则采用浮雕手法。将胡子和胡须雕成尖锐的形状，雕塑整体上给人以郑重而抽象的肃穆感。这些建筑体现了人们对山体的开发以及对砂石的使用日渐增加。八棱柱上可以看到七副面孔，环状和叶子装饰的使用增多，而小人物不再出现在门楣上。

耶输跋摩一世的继承者，国王曷利沙跋摩一世（Harshavarman I，900—922年在位）下令建造巴云寺和豆蔻寺，而其继任者伊奢那跋摩二世（Ishanavarman II，922—928年在位）遭到罢黜，921年到944年间，阇耶跋摩四世（Jayavarman IV，928—941年在位）篡位，首都迁至位于吴哥东北部约90千米远的贡开。阇耶跋摩四世被认为造就了贡开风格（Koh Ker style，921—944年）的兴盛。此时的艺术家在手法上展现出十足的自信，在艺术形式上大胆尝试更宏大的造型；非常有趣的是，这个时期的艺术家摒弃了之前对事物正面角度的描绘，开始更富创意地展现雕刻对象灵动的一面。艺术家通过微笑使人物表情更加柔和，奢侈地在建筑上镶嵌珠宝代替过去可拆卸的装饰。此外，在门楣中出现了描述叙事场景的浮雕。

在曷利沙跋摩二世（Harshavarman II，942—944年在位）的短暂统治之后，罗贞陀罗跋摩二世（Rajendravarman II，944—968年在位）于944年重返吴哥，在与占婆国发生对战后，疆土东扩至安南山脉，西至缅甸，南至暹罗湾。罗贞陀罗跋摩二世和王家建筑师迦维因陀罗梨摩多那（Kavindrarimathana）共同规划修建了比粒寺、东梅奔、巴琼寺以及王家浴池。在其在位期间，比粒风格盛行，恢复了对小人物的雕刻，重现了描绘静态人物的雕刻。这一时期飘带成为常见的装饰图案，人物发型也更为精美。

建筑仿照过去的抹灰砖结构而建，环绕寺庙的回廊预示着后续连绵的建筑外廊[③]的出现。这一时期的庙宇首当其

③外廊，吴哥建筑中出现了内廊外廊结构，又称双层檐廊，内廊呈半封闭式，一侧是壁雕，另一侧是半封闭式的盲窗或廊柱，半封闭的一侧连接着外廊，外廊连接了建筑外部和内廊。

冲的是茶胶寺，由阇耶跋摩五世（Jayavarman V，968—1001年在位）修建，在位期间他将都城迁至阇因陀罗那伽梨（Jayendranagari）。

同时婆罗门梵天耶若婆罗诃（Brahman Yajnavaraha）修建了女王宫，后一个风格时期便以它命名。女王宫风格（Banteay Srei style，960—1000年）掀起了一场艺术革新，成为柬埔寨极重要的艺术风格之一。这种风格富有古风古韵，具有典型的高棉艺术特点，这个特点反复将艺术风格回溯到旧时的模样。女王宫风格的作品以图案精细柔美著称，人物呈现出丰厚的嘴唇和睁大的双眼；男人的脸上会有胡子，女性的面部表情则沉静而温柔。用雕饰的珠宝装扮神像，彰显高棉珠宝的精美。此时的楣饰花样变得繁复，出现了精美的叙事浮雕，包含雕刻精巧的人物群像。门楣或是两端雕刻着环状花饰，卷曲成旋涡状，中间雕刻神像，或是遵循旧有传统，在门楣上雕刻象头、伽罗和其他神话中的人物。这一时期也是最后一个使用圆柱的时期。

黄金时代

11世纪的第一个十年见证了一代帝王由诞生到继位的全过程，他就是苏利耶跋摩一世（Suryavarman I，1002—1050年在位）。他几乎统一了整个岗伽王国，并让泰国南部和老挝南部成为他的属国。他的统治因喀霖风格（Khleang style，1010—1050年）的兴起而闻名，这种艺术风格在两组同名的建筑中体现得淋漓尽致，例如在王家宫殿及其中央庙宇——空中宫殿，以及吴哥城外的建筑，切瑟山寺（Phnom Chisor），和磅士威（Kompong Svay）的圣剑寺、柏威夏寺（Preah Vihear）、瓦普神庙①的部分建筑。这个风格的建筑有个共同的特点，在建筑外部都设有一周连贯的回廊，并经由一个十字形的塔楼作为建筑的入口连接到建筑外部，门楣上雕刻着手持大型花环的伽罗。人物雕像的面部泛着浅浅的笑容，发髻盘起，这是喀霖风格的又一特征。

P28：女王宫中的湿婆和乌玛雕像（10世纪），现藏于金边国家博物馆

P29：女王宫阶梯上的守卫猴子雕像（10世纪），现藏于金边国家博物馆

---

①瓦普神庙（Wat Phu），位于今天老挝西南部的占巴塞省（与泰国和柬埔寨交接处）。

P30：盘坐在蛇神那伽身上的佛陀雕像，巴芳寺风格（11世纪），现藏于巴黎吉美博物馆

P31：佛头雕像，巴芳寺风格（11世纪），现藏于巴黎吉美博物馆

宏大的西池工程从苏利耶跋摩一世在位时动工，其子优陀耶迭多跋摩二世（Udayadityavarman II，1050—1066年在位）登基后竣工，优陀耶迭多跋摩二世在位期间几个省份发动了起义，但他依然保住了从父亲那里继承的王位。有人认为是优陀耶迭多跋摩二世修建了西梅奔寺和巴芳寺，巴芳风格（Baphuon style，1050—1066年）就由此命名。这种风格的雕刻中，人物身材苗条，在一些作品中，人物的身体在头部的映衬下显示出不成比例的纤瘦；这些腿部十分纤细的人物可能是依靠脚后跟后方的支撑物得以保持直立。同时，这种风格非常注重细节：紧闭的嘴唇，眼部清晰的轮廓，这些雕刻也许曾经还有半宝石做装饰。胡须的末端朝向下巴，下巴上带有那个时期的人物雕塑特有的凹陷。头发依然是编成辫子，由一个珍珠链绑到一起。这一时期的作品中，人物面部表情所散发的无尽魅力和所表现的无比温柔的神情在高棉艺术中是绝无仅有的。这一时期标志着一个崭新形象的出现：佛陀坐在盘卧成一圈的目支邻陀（Mucilinda）身上打坐冥想，目支邻陀是那伽龙王（佛教八大龙王之一），这一形象在随后的一个时期里盛行起来，最终成为高棉雕塑的典型代表之一。

带有伽罗图案的门楣中部，通常会出现骑着骏马的人物或是某个神话场景，门楣顶部雕刻着繁复的植物花纹作为装饰。

曷利沙跋摩三世（Harshavarman III，1066—1080年在位）继承了哥哥苏利耶跋摩一世的王位，他曾多次带兵与邻国占婆交战。曷利沙跋摩三世去世后，吴哥的王位传到了玛依塔拉普拉（Mahidharapura）王子阇耶跋摩六世（Jayavarman VI，1080—1107年在位）手中，玛依塔拉普拉可能是当时泰国东北部的一块封地，正是他在那里建立了披迈寺（temple of Phimai）。

继平庸的统治者陀罗尼因陀罗跋摩一世（Dharanindravarman I，1107—1113年在位）之后，苏利耶跋摩二世（Suryavarman II，1113—1150年在位）于1113年继位。作为一个好战的君主，陀罗尼因陀罗跋摩二世再一次统一了岗伽王国，他多次出兵安南（Annam），并于1144年占领了占婆，他的势力西至缅甸蒲甘（Pagan）王国，东至沿海地区，南至马来半岛的中心区域。苏利耶

跋摩二世修建了托玛依神庙，周萨神庙，吴哥窟，普拉皮图寺，班迭萨雷，吴哥城外的奔密列（Beng Mealea），以及磅士威的圣剑寺和帕侬隆寺[①]中的部分建筑。

建筑在吴哥窟风格（Angkor Wat style，1100—1175年）时期达到了顶峰，庙宇顶端覆盖锥形塔，塔上有各式雕刻；环绕塔殿而建的回廊，通过以塔殿为轴心辐射出去的十字形长廊与塔殿连通；半封闭

P32—33：苏利耶跋摩二世雕像，位于吴哥窟中第三长廊，南侧西翼（12世纪）

P32下图：12世纪的立姿女神壁雕，位于吴哥窟

①帕侬隆寺（Phnom Rung），位于今天泰国东南部（与柬埔寨交界）的武里南府。

式长廊或为装饰效果，或起支撑作用。两侧带有蛇神那伽形态栏杆的十字形通道连通了各个庙宇。柱子棱面可多达20个，门楣上的雕刻呈现花卉装饰，叙事场景和加冕的蛇神那伽。

事与愿违，建筑日趋完美之时，雕刻却陷入了呆板的定式。旧式的正面视角描述以及古板的庄严肃穆取代了巴芳风格的迷人魅力。雕刻中的人物肩膀平直、胸部膨隆，腿部和双足敦实。人物脸部的雕刻，大多棱角分明，眉毛和眼睛依旧连在一起，故意拉长了眉眼宽度，并且着重在眉眼处深雕使其突出。女性形象的刻画更为生动，相较男性人物，女性人物的表达也更富特点，特别是其面部表情。繁复的服饰搭配复杂的发型，发型通常需要框架支撑，立姿女神蒂娃妲（devata）是个例外，她的头发挽成一个发髻，一条辫子自然垂下，多数女性人物的构思似乎都非常大胆，精美绝伦的王冠下是一髻髻发辫或是绒发。

多数珠宝都有花卉图案，这类纹饰被工匠们大量使用，用来修饰雕刻中的神像。

苏利耶跋摩二世的继承者是陀罗尼因陀罗跋摩二世（Dharanindravarman II，1150—1160年在位），在他之后，耶输跋摩二世（Yashovarman II，1160—1166年在位）继位。

1165年，篡位者特里布婆那迭多跋摩（Tribhuvanadityavarman）趁混乱四起之时暗杀了当时的国王，1177年统治占婆的因陀罗跋摩四世来到耶输陀罗补罗（Yashodharapura），他攻破耶输陀罗补罗，杀死了特里布婆那迭多跋摩，在吴哥地区驻扎下来。

P34和P35下图：荔枝山风格时期的毗湿奴像（9世纪），现藏于巴黎吉美博物馆

高棉艺术中男性服饰的演变

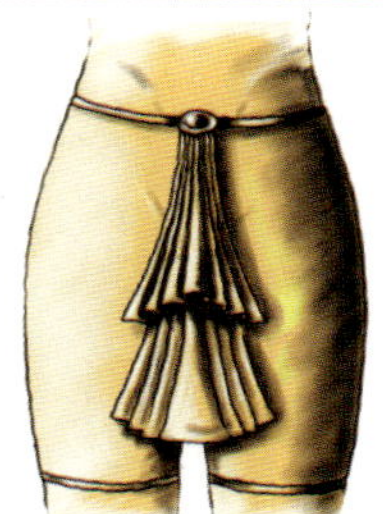
金边风格
540—600年

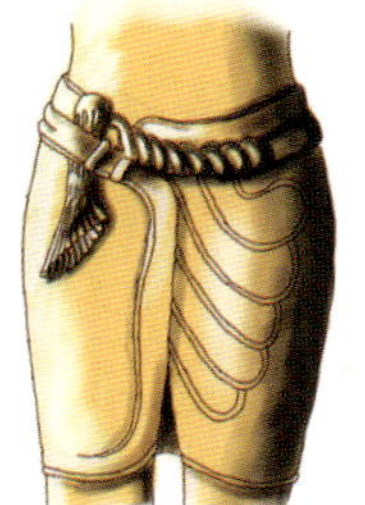
荔枝山风格
802—875年

神牛风格
877—889年

巴肯风格
889—925年

贡开风格
921—944年

比粒风格
944—968年

女王宫风格
960—1000年

巴芳风格
1050—1066年

吴哥风格
1100—1175年

巴戎风格
1181—1219/20年

高棉艺术中女性服饰的演变

前吴哥风格
8世纪

巴空风格
9世纪

巴肯风格
889—925年

女王宫风格
960—1000年

巴芳风格
1050—1066年

吴哥风格
1100—1175年

巴戎风格之一
1181—1219/20年

巴戎风格之二
1181—1219/20年

巴戎风格之三
1181—1219/20年

P36下图：吴哥窟中的女性壁雕细节图

P37：吴哥窟中的立姿女神雕像

P38—39：吴哥窟第三层回廊西南角的女性人物壁雕（12世纪）

佛祖光影中的衰败

驱逐了占婆的军队后，在50多岁高龄的时候才登基的阇耶跋摩七世（Jayavarman VII，1181—1220年在位）再次统一岗伽王国。作为一个虔诚的佛教徒，阇耶跋摩七世摒弃神王湿婆（Shiva-Devaraja）的信仰，改信宇宙之王的佛王（Buddharaja）。阇耶跋摩七世在位期间，帝国的疆土扩张到历史上的最大范围，包括呵叻高原，湄南河流域以及马来西亚南部。这时的岗伽吞并了占婆、老挝北部，而缅甸的哈利班超王国（Haripunjaya）、安南，或许还包括爪哇国，这些国家都成了岗伽的附属国。

阇耶跋摩七世对于建筑有着惊人的热情，他下令修建了塔布隆寺、普拉帕利雷寺、涅槃宫、班迭哥迪、塔萨寺、塔内寺、王家浴池、吴哥王城、巴戎寺、战象平台、癞王平台、王宫的水池，以及吴哥城外，班迭奇摩（Banteay Chhmar）和位于磅士威的圣剑寺。巴戎风格（1181—1219/20年）以种类繁多的大型宗教建筑群闻名，这一时期的建筑主要使用红土（富含铁的黏土制成，容易切割，暴露于空气中会变得非常坚硬），并且以极快的速度完工。门楣上的图案通常是佛祖或是由四个板块组成的花环图案的装饰，抑或是叶片汇成的辐射状图案以及植物流苏图案。

新风格放弃了等级制正面感，旨在提高空间的移动性和塑性。事实是佛教成为国教后带来的审美更加人性化也更加亲民。这个时期人物面部表情透露出发自内心的微笑和神秘的表情。此外，这个时期倾向将祖先神化，将阇耶跋摩七世看作观世音菩萨下凡，因此这一时期作品中的人物形象更加贴近真实生活，反映人物的心理活动。阇耶跋摩七世的妄自尊大也体现在雕刻上，例如那些体型巨大的石雕。一排排守门的巨人雕像，巴戎寺中一尊尊向外眺望的巨型佛头，这些都是这种趋势令人印象深刻的例子。

据说阇耶跋摩七世于1219年或1220年去世，两年后，高棉人从占婆撤离，而此时在帝国的偏远地区分裂活动愈加频繁，泰国军队在两国边境蠢蠢欲动。婆罗门教的信徒发起了一场崇拜湿婆运动，反对传播佛教，然而佛教中的一个分支，上部座佛教（Theravada，the Doctrine of the Elders），又称南传佛教（Hinayana）或小乘佛教（Lesser Vehicle），作为佛教中非常重要也极为古老的一种形式，最终盛行起来。

帝国的末期还有几位鲜为人知的统治者：修建了十二塔庙上的因陀罗跋摩二世（Indravarman II，1218—1243年在位），修建了摩迦拉陀寺（Mangalartha）的阇耶跋摩八世（Jayavarman VIII，1243—1295年在位）。施林陀罗跋摩（Shrindravarman，即因陀罗跋摩三世，1295—1307年在位）在位期间，1296年元朝皇帝元成宗（Timur Khan）派遣使节出访岗伽，其中有一位名叫周达观的使节，他所记录的史料向我们展现了当时的高棉文明。吴哥王朝的最后两位国王是因陀罗阇耶跋摩（Indrajayavarman，1307—1327年在位）和阇耶跋摩波罗密首罗（Jayavarman Parameshvara，1327—1340年在位）。这时首次达到强盛的泰国建都素可泰（Sukhothai），并占领了高棉帝国西部和北部的大面积领土。1430年，当时的泰国国王，阿瑜陀

P41上图：阇耶跋摩七世头像（12—13世纪），现藏于金边国家博物馆

耶王国（Ayuthya）的帕拉马拉伽二世（Paramaraja II）横扫吴哥平原、围攻都城，不到七个月便攻克了都城。自此吴哥王朝开始倾颓。

当高棉帝国终于走向衰亡，雕刻工匠们依然在树林中继续他们的工作，泰国日益强大的势力在后续的几百年间影响着艺术风格。这个时期产生了“装饰的佛像”，上面覆盖着珠宝。这个形象是在9世纪至10世纪间在印度那烂陀（Nālandā，玄奘修行地）寺院中构建的，后来在中南半岛广为流传，超过了在印度的盛行程度。虽然有违佛教的朴素观，但这种对珠宝的奇特用法可以解释为对开悟者地位的凸显。开悟者获得了精神上至高无上的地位，与传说中四大洲的统治者转轮圣王（Chakravartin）联系在一起，而转轮圣王拥有七宝，其中之一就是珠宝。

P41下图：多罗菩萨（Tara）像，原型可能是阇耶跋摩七世的妻子，阇耶拉雅王后（Jayarajadevi），现藏于巴黎吉美博物馆

高棉庙宇的基本元素

◆塔殿：吴哥的圣殿◆

高棉庙宇，即塔殿，是一种呈宇宙山形态的宝塔。不论是神话中的须弥山，还是如曼荼罗山（Mt. Mandara）和冈仁波齐峰（Mt. Kailas）般的圣山，这些神明所在的宇宙中心，是打破原始的混沌状态有序运行的起源。山体像一个对称符号连接着天空和土地，山体之下就是阴间世界。山的峰峦是神明的居所，不同的神话版本中，峰峦可以是独立的一座，也可能是三座或五座连绵而立。与山的联系尤为紧密的神是湿婆，喜马拉雅山脉上有多处供奉湿婆的壁龛。

塔殿的外部呈山的形状，内里几乎是实心的，只有一个狭小黑暗的内殿。内殿呈正方形，正方形印度教以在及后续的高棉象征主义中代表完美。梵语“garbhagriha”意为“子宫之屋”，强调其作为原始自然“子宫”的作用，整个世界都孕育其中，并由此繁衍和发展。作为朝圣的场所，这些神庙供奉着神明的雕像，郑重地展现对极权的崇拜，而拥有极权的君王就是神明在凡间的化身。

内殿的屋顶采用叠涩拱结构，即用砖块或石块层层堆叠，随着高度的上升，砖石逐渐向中线聚合，以负荷屋顶的重压，最终聚拢形成拱顶时在中间留一个小孔，这样光线可以通过小孔照进内殿。塔殿内拱里的处理，采用布质材料（10世纪后不再使用这种方法）封在砖石上，或是用木质的方格顶覆在拱里的砖石上。

塔殿的外部是由下至上逐层缩小的假层[①]，通常有四层假层，每一层假层都

①假层，塔殿的组成部分，位于塔身之上，塔殿一般有四个假层，每一个假层都是塔身的缩小版，从下至上逐层变小，假层最上端是塔刹。

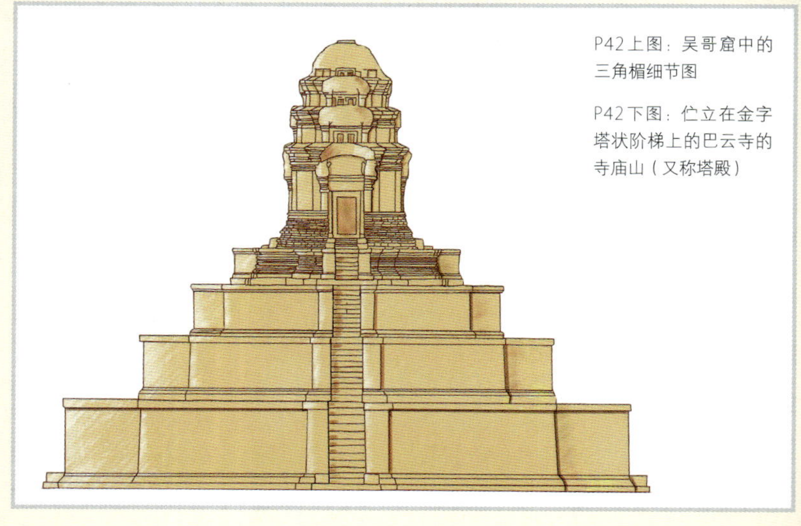

P42上图：吴哥窟中的三角楣细节图

P42下图：伫立在金字塔状阶梯上的巴云寺的寺庙山（又称塔殿）

是对包含门框、门楣、飞檐在内的塔身的复刻。随后的时期里，人们仿照宏伟建筑的形态制成微缩模型放在屋檐上做瓦檐饰。塔尖会有一个圆形的装饰，一般是一个花瓶形状或是荷花花苞形状的装饰，上面可能还会镶嵌金属。塔顶是花瓶状或莲花蓓蕾状的塔刹，金属质的三角楣可能已经被取代。

P43：位于吴哥窟中心带有门廊和廊柱的的的十字形塔殿

塔殿绝不会贴地而建，一定是建在带有一面通道或四面通道的台基上。最古老的那些庙宇只有一个入口；后来，在建筑的另外三面设有假门，假门带有石质框架，这是仿照木门的门框建造的。庙宇建筑演变过程中的另一个进展是在建筑外增设一个门廊功能的凸出的结构。外墙上装饰有各类浅浮雕，以及凸出的壁柱围成的壁龛，廊柱上刻有人物的塑像，使用高浮雕手法刻画的雕塑仿佛脱离了墙面。全副武装的年轻人庄严肃穆，充当守门天，这是为保护圣殿免受邪恶势力破坏而放置的“守卫”：每扇大门两侧都有一尊守门天，右侧的态度慈祥和蔼，左边的面露恫吓神情。雕塑中的女性显得泰然自若，女神像面部都泛着神秘的微笑。墙壁的上角雕刻着蛇神那伽，即三头、五头或七头蛇，多头蛇本是印度文明中的神话形象，高棉人为其添加了一些特殊元素，例如浪花，使其更接近中国文化中的龙。

塔殿是金字塔形庙宇（或寺庙山）和纵向庙宇这两种不同建筑的重要元素。金字塔形庙宇（或寺庙山）建在自然山体上或人工将庙宇建成金字塔状。起初塔殿是独立建造的，后续三座或五座塔殿为一组建造，建在最高层的那座塔殿就成了山的最高峰，被视作神的居所。呈梅花形排列的塔殿（quincunx mountain temple），由五座塔殿组成，四座分矗在方形四角，另一座立在中央，代表着须弥山的五个顶峰，这是吴哥窟中完美建筑的典范。

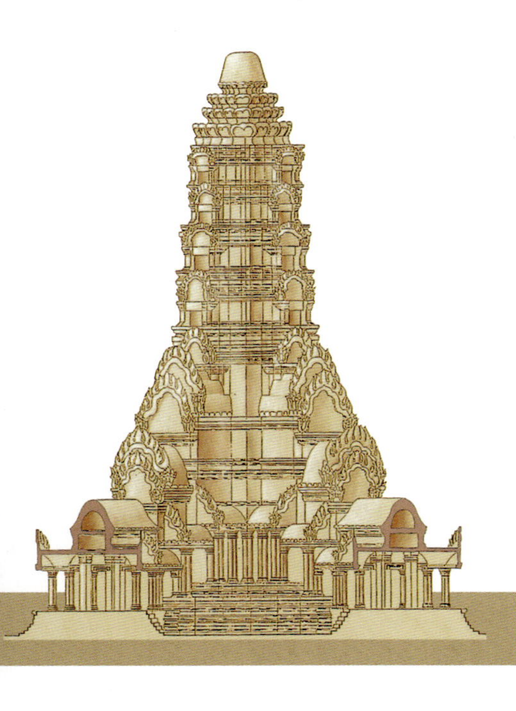

P44—45：塔殿的塔顶造型图。塔顶由下至上逐层缩小，塔刹呈花瓶形状或是荷花蓓蕾形状

P45上图：十字形塔殿，门厅分别连通位于四角的回廊

P45下图：塔殿每一级假层都仿照塔身的形态而建

◆层层寺庙圈的其他结构◆

庙宇周围通常有一层或多层围墙环绕，每层围墙的入口处设有塔楼。最外层围墙的入口处是一个长方形的门厅，这个门厅由一个架在四壁上的吊顶封闭起来，经过门厅继续向前来到塔楼，后来塔楼的结构演变为一个十字形的纪念石亭，廊柱和穿廊沿着墙壁延展开来。最初，屋顶由房梁和瓦片构成，后来改用砖块和砂岩制成的叠涩拱结构。

最里层的围墙内，通往寺庙的通道平整而宽阔，两侧是蛇神那伽形态的栏杆。栏杆是一个具有象征意义的连接，关联着城市和庙宇，即关联着凡间世界和神明世界，同时栏杆也代表连接天地的彩虹，代表蛇神那伽掌管的雨水。在庙宇的楣饰中，蛇神那伽与彩虹的图案十分常见。通向庙宇的引道建在台柱之上，台柱像高跷一样将引道架高，有人认为当时引道两侧可能还有高大的石柱，石柱还带有柱基和柱头，用来搭建顶棚，为引道遮风挡雨。

金字塔形庙宇没有采用纵向庙宇中的围墙模式，而采用了环庙宇而建的回廊，回廊沿着庙宇的层层台基而建。回廊可能由长方形独立建筑演变而来，这些长厅的功用尚不明确，起初都是独立

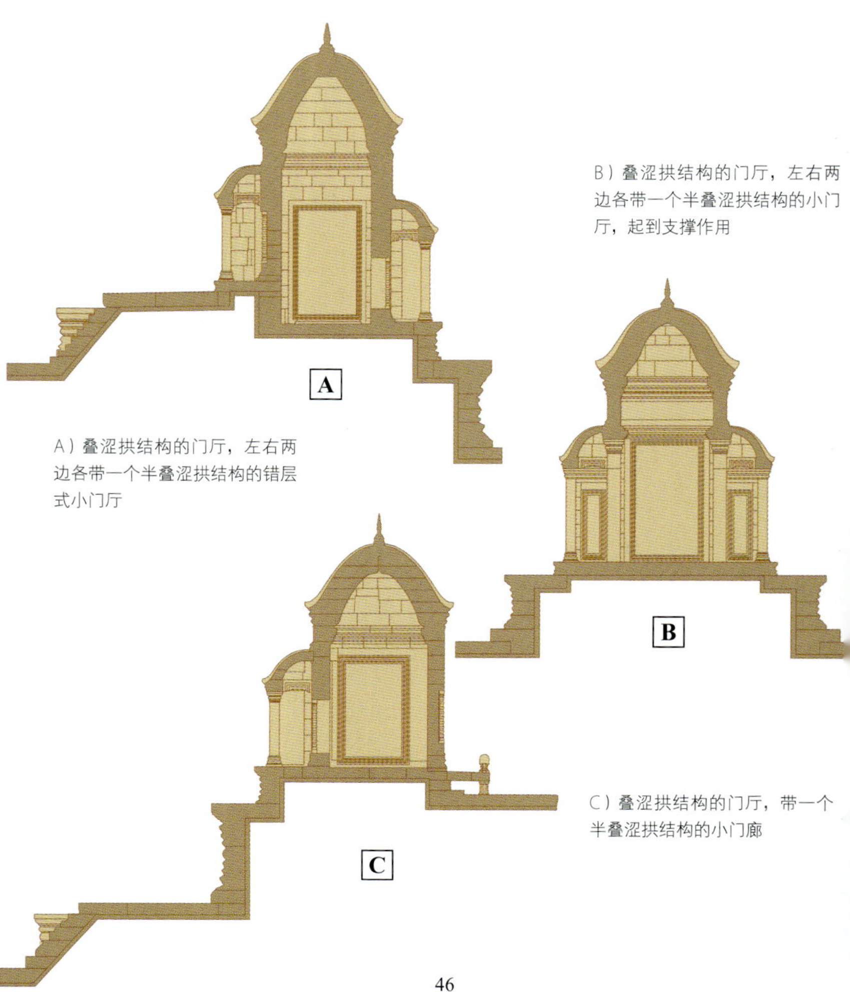

A）叠涩拱结构的门厅，左右两边各带一个半叠涩拱结构的错层式小门厅

B）叠涩拱结构的门厅，左右两边各带一个半叠涩拱结构的小门厅，起到支撑作用

C）叠涩拱结构的门厅，带一个半叠涩拱结构的小门廊

而建，不与任何建筑连通。由此可见，山形庙宇的回廊有环形围墙一般的功能，为供奉神明营造一个静谧的空间。到了11世纪，纵向庙宇也开始采用回廊结构。回廊分为不同的类型，回廊的外墙可能带有盲窗（也可能没有盲窗），而内墙一般是开放空间，或是带有方形柱头柱基的圆柱的半封闭空间。在最精美的几处建筑中，建筑中心处的回廊设有单侧廊柱或双侧廊柱，回廊的一侧建有半廊或两侧都建有半廊，这些半廊兼具支撑作用：带有双侧半廊的回廊形成了一个多柱回廊。回廊的转角处建有塔殿形状的塔楼。

最初，回廊顶盖的建造是在一个木制的结构上铺一层瓦片，后来采用了砖块搭成的叠涩拱结构，最后改为石块搭成的叠涩拱结构。

长廊的墙壁的开窗上有护栏一样的细柱，这种柱子借鉴了普通民用建筑上的柱子的样式。因建造时间不同，柱子形状各异，可能是圆柱，也可能是八棱柱，上面刻有装饰线条或是其他精美的装饰。高棉后期建筑中，窗帘都雕成半垂的状态，这样做明显是为了缩减工期。

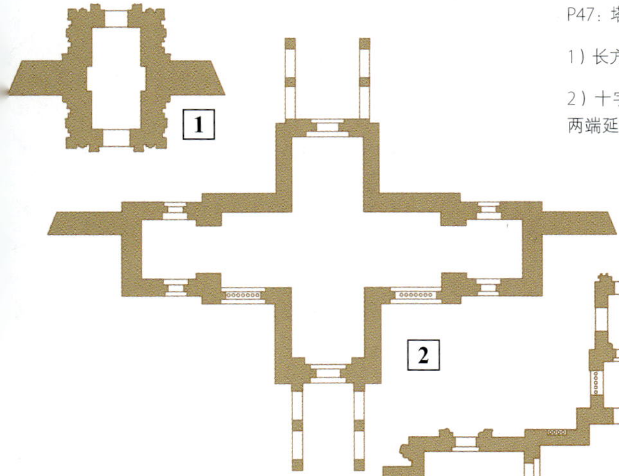

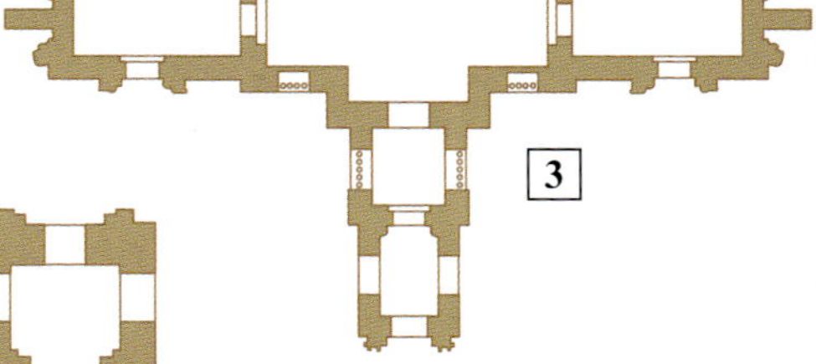

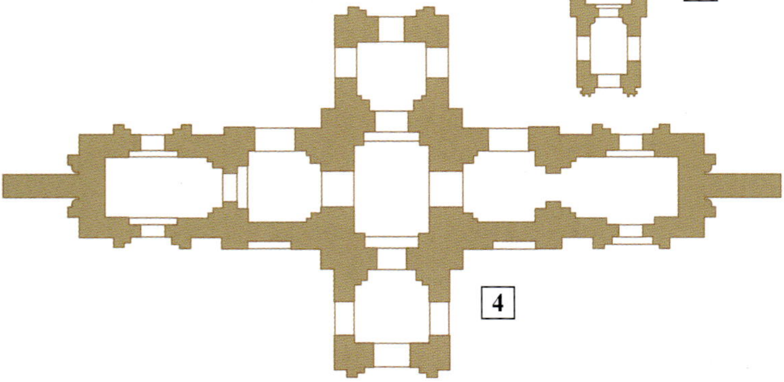

P47：塔楼平面图

1）长方形单间厅堂

2）十字形厅堂，在单间厅堂的两端延伸出两个侧厅

3）十字形区域，纵向延伸出两个柱厅，横向延伸出两个侧厅

4）十字形五厅堂结构

P48和P49上图：带有细石柱的盲窗和双重檐（吴哥窟）

P49下图：班迭萨雷塔楼上的窗与门

纵向庙宇是模仿印度庙宇的构造而建，在塔殿基础上增加了一些印度庙宇特有的结构，例如曼达波[①]，曼达波是信徒们在进入圣所前的准备室，信徒们可以在曼达波远远看到前方的神明；半个曼达波[②]作为入口的门厅使用，通常朝向东方；过厅[③]，是通往圣所（garbhagriha）或内殿（cella）的通道。在更复杂的庙宇中，进入中央神殿前要经过柱厅，柱厅起初采用木质顶盖，后来改用石质顶盖。这些屋顶的外部并非仅由光滑的平板组成，而是雕刻着螺纹和仿砖花纹，边缘上刻有莲花蓓蕾和浪潮翻滚的图案。这些元素源自古老的木质建筑，叠涩拱上的三角门楣也是如此，门楣中心雕刻着某个叙事场景。庭院和回廊容纳了寺庙的附属建筑，包括被认为是藏经阁的空间，尽管其功用尚待考证，藏经阁建造在一块方形的平面上，四壁是厚实的砖墙，有一道门阻隔，或者不设门完全开放，开几扇小窗用来照明。后期，藏经阁采用红土或砂石建造，拱顶采用两个半叠涩拱夹一个完整叠涩拱的结构，建在一个长方形的平面上，墙体上设有壁柱和假门。

①曼达波（mandapa），指柱廊或柱厅，是印度神庙的一种建造结构。信徒们经过曼达波进入祭拜神明的圣所（印度神庙的中心）。

②半个曼达波（ardhamandapa），进入圣殿前经过的一个空间，相当于半间门厅。

③过厅（antarala或ardhamandapa），位于曼达波和厅室之间的空间。

P50—51：门框与窗的演变

1）波利敏寺的门柱

2）和4）特拉佩安贡寺（Trapeang Phong）的门柱

5

6

7

8

9

3）三波坡雷古寺的门柱

5）神牛寺的窗柱

6）和7）贡开金字塔（Prasat Thom）的窗柱

8）柏威夏寺（Preah Vihear）的窗柱

9）吴哥窟的窗柱

P51下图：巴云寺中石柱细节图

◆建筑材料与建筑技术◆

砖是高棉时期的建筑最早使用的建材。当时使用的砖长30厘米、宽16厘米、厚10厘米。砖的表面经过处理变得平整，工匠们小心翼翼地将砖一层层垒高，并加入石灰、棕榈糖和草本植物的汁液混合而成的黏合剂。砖垒好以后，会在上面进行雕刻，再抹上一层石灰和沙子混合而成的灰泥，通过在墙上插入楔子或是在墙上打孔的方式固定石块。9世纪开始就有使用灰泥的记载，10世纪灰泥被广泛使用，10世纪以后灰泥的使用逐渐减少。为了不浪费边角余料，厚厚的墙壁中间填充着砖头的碎块和泥土。

后来人们开始用红土和砂石作建筑材料。红土用来作地基、平台、金字塔的底座，以及围墙。人们将红土切割成大小一致的块状，形状也是工匠们特别设计的，厚40厘米、宽30—50厘米、长60—80厘米，长度有时可能达到2米。工人将事先经过火烤提炼的砂石铸成4吨重的大石块，垒砌的过程不使用灰泥，待石块干燥后将表面打磨平整。这些笨重的石块通过运河运输或使用马车在陆上运输，运输过程中也使用大象：石块上的穿孔就是运输时为了固定穿绳索而用的。

P52上图：雕刻着螺纹和瓦檐饰的屋顶（吴哥窟第二长廊）

P53：建筑上咬合密实的石块（巴戎寺）

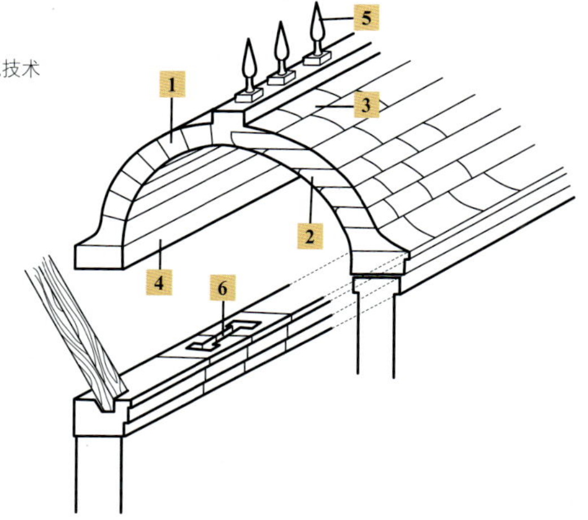

P52下图：叠涩拱的建筑技术
1）真拱结构
2）高棉叠涩拱结构
3）拱背圈
4）拱内圈
5）瓦檐饰
6）用于固定拱顶的隼眼

高棉人并不擅长工程：高棉人将恢宏的庙宇建在一层由红土碎石组成的地基之上，巨石的垒砌方式常导致建筑的变形。

建筑结构的静态凝聚以重力的作用为基础，最终通过木工技术得以实现：利用铁锚、爬钉、连接工具，支架将大型石块或巨石堆砌在一起。垒砌的时候，将石块平放堆叠，而非立放堆叠，这样做是为了紧密排列，避免石块间产生空隙。从另一个角度看，高棉不乏出色的建筑师，他们采用体积测量技术使古迹达到了最佳的视觉效果：他们缩小了塔殿顶棚、金字塔底座以及阶梯的高度和宽度，利用比例缩减的法则让建筑看起来比实际高大。此外，建筑师将入口对侧的建筑基座向里收，避免建筑外凸，使建筑整体感观更为规整。古迹各个部分的比例都经过了缜密的考究，以营造出最佳效果。

P54—55：门楣的演变

1）中间的三枚徽章和两端的摩伽罗组成弧形图案（前吴哥风格）

2）蛇神那伽由中央的面具支撑着，两端是摩伽罗（前吴哥风格）

3）设计精美的植物图案（神牛寺风格，9世纪）

P54中图：蛇神那伽组成了门楣的边框，那伽的头为奇数，刚好形成了门楣的尖顶

1

2

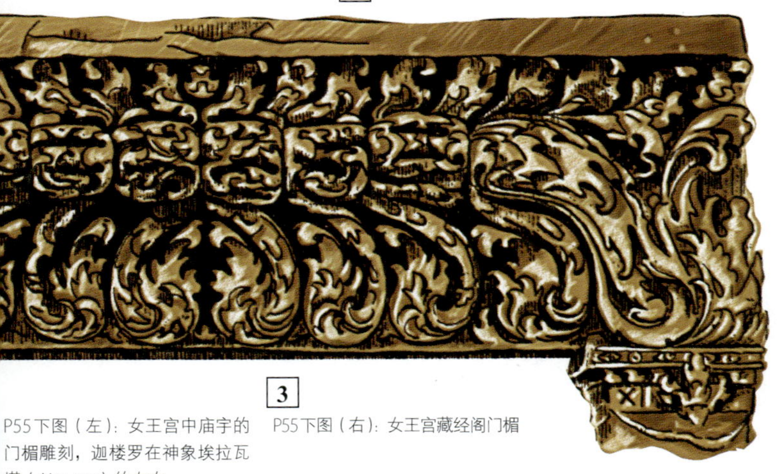

3

P55下图（左）：女王宫中庙宇的门楣雕刻，迦楼罗在神象埃拉瓦塔（Airavata）的左右

P55下图（右）：女王宫藏经阁门楣

1

P56：女王宫的砂岩门楣

3

P56—57：门楣的演变
1）伽罗托起螺旋状植物花纹，喀霖风格，11世纪上半叶
2）门楣上雕刻的神话场景，巴芳风格（11世纪下半叶）
3）被旋涡式花朵图案环绕的人像及恶魔伽罗（巴戎寺风格，12—13世纪）

2

雕塑中的人物原型

高棉雕塑中的人物形象源自伟大的印度史诗:《摩诃婆罗多》(*Mahabharata*),《罗摩衍那》(*Ramayana*),《往世书》(*Purana*),以及那些颂扬神明及其功绩的“古老传说”。

《摩诃婆罗多》,成书时间在公元前4世纪到4世纪间,描述了始发于众神与恶魔之间的冲突,最终以众神的胜利告终。这部史诗的叙事节奏明快,由多个独立故事组成。毗耶娑(Vyasa),相传是《摩诃婆罗多》的作者,也是贞信(Satyavati)婚前的私生子。贞信后来嫁给福身王(King Shantanu),育有两子,却都没有留下子嗣。为确保子嗣得以延续,贞信随后迫使毗耶娑与两位守寡的公主行房。她们生下了持国(Dhritarashtra)和般度(Pandu),持国有100个儿子,即后来的俱卢族(Kaurava),般度有5个儿子,即后来的般度族。实际上,般度之子是神的孩子,由于般度被诅咒不能与他的两位太太发生性关系,他请太太贡蒂(Kunti)施法向神发咒,于是两位太太就有了神的孩子。

般度忍不住和两位太太中较年轻的那一位发生了关系,结果般度惨死。那位太太也在般度的葬礼中被烧死陪葬,般度的遗孀贡蒂带着孩子搬到了般度哥哥持国那里,这样般度的五个孩子就与堂兄弟们生活在一起。残酷的竞争引发了

P58—59上图：《罗摩衍那》中的楞伽之战（battle of Lanka），浮雕位于吴哥窟第三长廊西侧北翼。浮雕的中心是一个肢体舒展，正在奔跑的人物

P58—59主图：《罗摩衍那》中的楞伽之战，浮雕位于吴哥窟第三回廊西侧北翼。注意图中人物所穿的带有花纹的紧身衣，很可能是皮甲

般度和持国的后人的纷争，般度族几度从俱卢族的埋伏中死里逃生，最后因为中了俱卢族设下的埋伏，般度族被放逐。

20年后般度族回到故土宣布复国，但俱卢族不承认般度族的统治，发动战争。克里希那（Krishna）是毗湿奴的化身，也是婆罗多族两支后嗣的亲戚，他为对战的双方都提供了支援：俱卢族选择克里希那派军支援，般度族选择克里希那本人援助。战争最终以般度

P60—61：刻画《摩诃婆罗多》中俱卢之野大战（battle of the Kurukshetra）的浮雕，位于吴哥窟第三回廊西侧南翼

P60上图：驾着战车的士兵，这类战车是神话中英雄最喜爱的坐骑

P60下图：战争中的战象，高棉人喜欢骑大象作战

P61上图：战争细节

族的胜利告终，在般度族的统治下国家得到了长期的繁荣兴盛，后来般度族五兄弟和他们共同的妻子黑公主德罗波蒂（Draupadi）一同升天。

《罗摩衍那》是一部赞颂毗湿奴的又一化身罗摩（Rama）的史诗，写于公元前2世纪到2世纪间，作者是蚁垤（Valmiki，又译为跋弥），由于蚁垤曾救助过遭到罗摩遗弃的悉多（Sita），因此他也是书中很多事件的亲历者。然而在高棉地区出现的印度史诗，要么章节残缺，要么版本相异，这些流传在高棉地区的印度史诗后来演化成《罗摩的荣耀》（*Reamker*），即《罗摩衍那》的高棉版本，成书于17世纪，至今仍广为流传。

罗摩父亲众多王后中的一位谋划了一场夺权阴谋，将本应继承王位的罗摩驱逐到森林中。悉多相貌出众，罗摩与人比武获胜，娶悉多为妻，悉多决定跟随丈夫，罗摩同父异母的弟弟罗什曼那（Lakshmana）也甘愿随同流放。

在森林中，兄弟二人遇到了魔女首哩薄那迦（Surpanakha），她先后引诱罗摩和罗什曼那。最终罗什曼那在恼怒中割掉了首哩薄那迦的双耳和鼻子。首哩薄那迦的兄弟罗波那（Ravana）是楞伽岛之王，战无不胜。渴望报仇的首哩薄那迦向他求救，恳求他杀死罗摩，交谈中她佯装无意间提起悉多非凡的美貌。

罗波那偷偷潜入森林，被悉多的美貌深深吸引。罗波那诱骗罗摩和罗什曼那离开，并乔装成上了年纪的苦行者接近悉多，最后将她绑架。罗摩和罗什曼那拼命寻找失踪的悉多，同时他们救了被罢黜的猴王须羯哩婆（Sugriva），帮他打败了对手婆黎（Valin）夺回了王位。须羯哩婆答应帮他们救悉多，派出风神之子哈奴曼（Hanuman）前去侦查，他可腾飞于空中，哈奴曼发现悉多被囚禁在楞伽岛上。猴子们随即在楞伽岛和大陆间搭起一座桥梁，前往岛上营救悉多。

经过几天浴血奋战，罗摩和罗波那短兵相接，最终罗波那被杀死。罗摩大胜归来，回到国都阿瑜陀耶登上王位，但是悉多却因为曾和别的男人生活在一起，她需要投火自明，证明自己的贞操。火神阿耆尼（Agni）从火中现身，宣告悉多的贞操并把她交还给罗摩。不久民间又传悉多不算贞女，为不违民意，罗摩忍遗弃悉多。悉多得到蚁垤的救护，生下一对孪生子。几年后，这两个男孩碰巧遇到了罗摩，罗摩立即认出了他们并将他们带到他的王宫。罗摩再次决定让悉多回到他身边，但前提是她同意再次验证贞操。悉多求大地女神（the goddess Earth）证明自己的贞洁，大地女神行使了她的权力，将可怜的悉多带走。

另一个在高棉艺术作品中反复出现的神话主题是“翻搅乳海”，《摩诃婆罗多》和《往世书》中均有相关叙述。

在天地混沌之时，众神常常受到恶魔威胁，于是他们找到毗湿奴帮忙。毗湿奴告诉他们办法就是要采集具有长生不老功效的“不死甘露”（amrita）。“不死甘露”藏在乳海深处，要想得到它，众神需要邪恶势力的帮助，得到帮助的条件就是分享“不死甘露”。双方达成一致后，他们把大蛇婆苏吉（Vasuki）缠绕在宇宙之山曼荼罗山上，以曼荼罗山为杵翻搅乳海。期间双方开始拉扯，邪恶一方持蛇头，诸天神持蛇尾，这样一来曼荼罗山像一个搅拌器一样开始在乳海中旋转，毗湿奴化身大海龟，沉入海底承受搅杵的重量。

乳海翻腾，海中出现各种神物，并生出一股毒气，湿婆见状毫不犹豫地将毒气吞下，整个世界才幸免于难。最终天医手持“不死甘露”出现。恶魔一方叫嚷着争夺“不死甘露”，毗湿奴假扮美女莫赫尼（Mohini），恶魔被她迷人的美色吸引，没能从诸神那里分到甘露，诸神变得强大，足够对抗恶魔，成了宇宙主宰。

P62—63：《摩诃婆罗多》中“翻搅乳海”主题壁雕，位于吴哥窟第三回廊东侧南翼

P62上图：壁雕的左端描绘恶魔首领紧握大蛇尾部拉扯

P63上图：诸神站立在左侧观看翻搅乳海

P63中图：图中央为骑在海龟背上的毗湿奴

P63右下图：恶魔群像

印度神话中的神

宇宙初创分为三个主要阶段：创造，保护，毁灭。三个阶段分别由三位神掌控，三位神并非三个独立的个体，而是一个无所不能的至高无上的神所展现出的多种神力。这就是三相神，是神的“三重形式”，由梵天，毗湿奴和湿婆组成。

梵天是印度教中的创造之神，在印度教造像中，梵天通常以四面佛的形象出现，不仅因为他是创造之神，掌管东、西、南、北四个方向，还因为从他的口中出现了四个神圣古老的印度经文《吠陀经》(*Veda*)。除了“四面”特征之外，梵天发髻下端三分之一处有一圈珍珠环绕。

P64：10世纪湿婆的形象雕塑，现藏于巴黎吉美博物馆

P64—65：创造之神四头梵天的雕塑（10世纪），现藏于巴黎吉美博物馆

毗湿奴保护世界，掌管生命，是位于三相神（Trimurti）中位列第二的守护之神，常化身成各种形象，以罗摩和克里希那最为常见，两人都是印度教中的重要人物。毗湿奴常以带有四个手臂的形象出现，寓意四臂环抱宇宙、保护万物。毗湿奴手中的圣器体现他的职能：神螺寓意孕育生命的乳海；神盘（cakra），一只锋利的飞盘，毗湿奴将其当作回力镖用来降魔除妖，寓意轮回（samsara），人的转世轮回和命运都由毗湿奴掌管；毗湿奴手中的神杵既是象征权力的权杖，也是一根作为武器的棍子，突出其身为天神的引领和裁决职责；他手中最后一件神器是圆球，代表大地。毗湿奴戴着一顶头冠（mukuta），这是一种法冠，几个世纪以来法冠的形态在不停地演变。

宇宙被黑夜吞噬，万籁俱寂之时，第三位神湿婆毁灭了世界，又重造了世界。

P66：毗湿奴之妻拉克希米（Lakshmi）的雕像（12—13世纪），现藏于金边国家博物馆

P67：毗湿奴和湿婆融合之后变为诃利诃罗（7世纪），现藏于金边国家博物馆

湿婆是非常重要的神，在高棉文化中有很多不同的名字，他的特征是手持三叉戟，这个武器寓意印度神话中的三位一体概念：三神合一的三相神，宇宙的三级（大地，大气，天空），时间的三个维度等。湿婆额头的中间长着第三只眼，象征着超越两只眼睛所代表的双重性的全知全能，他的头发盘成螺发冠（jatamukuta），这是修行者特有的高盘的发髻，上面有新月形装饰。为了破解注定要消失的诅咒，月亮躲在了湿婆的头上，作为交换，有了月圆月缺的周期变化。除了以人的形象出现外，湿婆常常被描述成林伽这样具有象征意义的生殖形象，这种传统从高棉物魅崇拜时期就开始了，那时人们膜拜古老石块。古人把林伽当作守护神（genius loci）的象征立在地上，希望以此保佑土壤肥沃，于是林伽成了连接天地，连接远古与现世的工具。这样一来林伽的时间象征，生殖象征，权贵象征在当地广为流传。林伽的古迹通常包括三个部分，方形、八角形、圆形，对应三相神的三位一体概念。此外，约尼座（Snanadroni）：带有圆形凹陷的基座，用来放置林伽，表面是阴唇的形态，象征约尼（Yoni），代表女性和母体，因此也象征母神（Great Goddess）。倒在林伽上的圣水[①]，会流向约尼座，一部分水蓄在约尼座中，多余的水通过约尼座引流出去。

对毗湿奴和湿婆，历代君主与他们的子民有各自的喜好。然而，不同的信仰却从未引发冲突。相反，两个信仰合体变为对诃利诃罗的崇拜，诃利诃罗是诃利（Hari，指毗湿奴）与诃罗（Hara，指湿婆）的结合。毗湿奴的正妻拉克希米是掌管生殖与财富的美丽女神，又称室利（Shri）或吉祥天女（Prosperity），毗湿奴以不同形象现身时都有拉克希米伴其左右。与其他女神形象不同，湿婆配偶与母神一样，具有很多矛盾的特征，湿婆配偶乌玛（Uma）忠诚贤淑，而其配偶的另一形象女神杜尔迦则尚武好战，除魔降妖。尽管她们身体丰满性感、女性特征凸显，却保持着圣洁的形象。除了母神之外，印度教还出现了仙女或女神，印度神话中称之为飞天女神阿普沙拉[②]，在高棉艺术中，飞天女神则以女性舞者的形象出现。

以下几位也是备受高棉人崇拜的印度教神明：象头神犍尼萨（Ganesha），他是雪山女神帕尔瓦蒂（Parvati）之子；战神塞犍陀（Skanda），他是湿婆之子；天界诸神的主宰者因陀罗（Indra，即帝释天）；还有水神伐楼拿（Varuna），火神阿耆尼，掌管死亡的阎魔（Yama）；以及爱欲之神迦摩（Kama）。印度教的起源，源自各式人物，可能是仆人与随从，可能是名不见经传的神，还可能是半神以及邪恶的势力。还有神明的坐骑伐诃纳（vahana）：梵天和伐楼那的坐骑神鹅桓娑（hamsa），一只脖颈处有条纹羽毛的神鸟；毗湿奴和拉克希米的坐骑是带有人类特征的神鸟迦楼罗；湿婆和乌玛的坐骑是神牛南迪（Nandi）；战神塞犍陀骑着孔雀，阎魔的坐骑是一头水牛，火神阿耆尼的坐骑是犀牛，因陀罗的坐骑是神象埃拉瓦塔。对动物神性的崇拜从远古时期就开始了，而在神话中，动物的神性常常与神灵的野性交相呼应。例如，毗湿奴也会化身为野猪筏罗诃（Varaha）或是半人半狮的那罗希摩（Narasimha）。

可惜如今存放在吴哥庙宇中的雕像寥寥无几，多数雕像都保存在暹粒保护区和金边国家博物馆中。

①圣水，按照印度教的理念，经林伽上流出来的水就是圣水，圣水能洗掉晦气、罪恶，净化灵魂，同时获得圣水洗礼的凡人可得到神的保佑。

②飞天女神（apsara，音译为阿普沙拉女神）与立姿女神（devata，音译为蒂娃妲女神）是吴哥古城中常见的女神雕像形象。

P68：守护之神毗湿奴的雕像（11—12世纪），现藏于金边国家博物馆

P69左图：马头神（Vajimukha），或为迦尔吉（Kalkin），毗湿奴的化身（10世纪），现藏于金边国家博物馆

P69右图：象头神犍尼萨，湿婆和乌玛之子（7—8世纪），现藏于金边国家博物馆

吴哥考古研究

尽管吴哥已不再是柬埔寨的首都，但由于吴哥窟的存在，这座城市从未被遗忘。尽管那里的庙宇已经转化为佛教寺庙，吴哥窟仍是一个信仰重地。16世纪，吴哥窟已为第一批来自葡萄牙和西班牙的传教士及冒险家熟知，葡萄牙人迪奥戈·多·库托（Diogo do Couto）做了详实的记录。多数写于1614年的手稿并不是库托本人写的旅行笔记，而是葡萄牙圣芳济教会修士安东尼奥·达·马格达连那（Antonio da Magdalena）把相关记录做成的汇编，他于1585年到1588年间游历吴哥。后来，法国修士谢弗勒尔（Chevreul）在1668年的书信中提及吴哥窟。

吴哥窟最早的一版地图是一位日本信徒在1623年到1636年间绘制的，他坚信自己来到了祇园精舍（Jetavana），那是释迦牟尼居住最久的住所。这张地图在1715年被复刻，却在20世纪最初的20年才被认定为最著名的庙宇图。

1858年，前来考察的法国传教士夏尔·艾米尔·布意乎（Charles-Émile Bouillevaux）出版了一本短小的旅行笔记，他曾于1850年左右在吴哥窟游历了两年。同年法国博物学家亨利·穆奥（Henri Mouhot）来到中南半岛，并在那里游历到1861年，最终在老挝去世。他去世后，人们出版了他记录的材料，《暹罗柬埔寨老挝安南游记》分别在1863年和1864年出版法文版和英文版。

自此吴哥以及高棉文明激起了欧洲人的兴趣。德国人类学家阿道夫·巴斯蒂安（Adolf Bastian）将吴哥与印度文化联系在一起，苏格兰摄影家约翰·汤姆森（John Thomson）看到了庙宇中象

征宇宙的雕塑，他丰富的影像记录引起了艺术历史学家詹姆斯·弗格森（James Ferguson）的注意，詹姆斯将高庙寺庙加入他的著作《世界建筑史》（1867年出版）中。

柬埔寨沦为法国保护国，1866年法国组织了一支探险队，由海军军官欧内斯特·杜达特·德拉格里（Ernest Doudart de Lagrée）带队，开始了湄公河探险之旅。在到达当时属于暹罗王国（今天的泰国）的吴哥停留之后，杜达特到达了老挝南部，在那里他参观了许多高棉古迹，后来他对这些古迹做了详细记录。探险队成员，画家路易斯·德

P70—71：吴哥窟风景图，收录于路易斯·德拉波特在1873年出版的《中南半岛探险之旅》

P71上图：路易斯·德拉波特所画的吴哥王城城门复原图

拉波特（Louis Delaporte）在《风景如画的相册》绘出了自己所见，该画册与《中南半岛探险之旅》的两本画册，于1873年出版一并出版。德拉波特被高棉艺术深深吸引，他把许多描绘吴哥的绘画带回巴黎，几年后他终于在法国巴黎的特罗卡迪罗（Trocadéro）建立了中南半岛博物馆（Indo-Chinese Museum）。

1878年，德拉波特将吴哥的资料和绘画在巴黎万国博览会展出，展览引起了众多著名建筑师的兴趣，包括吕西安·富尔诺（Lucien Fournereau），他于1887年到1888年间来到吴哥，拍摄照片，速写，绘制地图，制作建筑模型，将每一个发现做集中记录。1879年，以荷兰学者亨德里克·克恩（Hendrik Kern）为首的学者们第一次解读了梵语资料，法国人奥古斯特·巴特（Auguste Barthe）和阿贝尔·贝盖涅（Abel Bergaigne）继续了他们的研究，于1885年出版了公元前5世纪的一卷碑文研究。他们的同行，同是法国人的艾蒂安·爱莫尼尔（Étienne Aymonier）——海军军官，古代吴哥语言学者，参与绘制第一批柬埔寨建筑清单中的建筑——制作了350件雕刻的复制品，于1900年到1903年间分三卷出版。基础的工作由路易·菲诺（Louis Finot）完成，乔治·克代斯（Georges Coedès）负责整体工作，他出版了八卷梵语和古高棉语碑文的解读，帮助研究吴哥的学者们复现了岗伽重要的历史阶段，从字里行间中推演出

P72—73：1889年，建筑师吕西安·富尔诺在巴黎的沙龙上展出的对吴哥重建模型

当时的政治、社会、文化制度。目前已经有约1200个碑文被解读出来，多数都用梵文或高棉语刻在石头上，有时会在石头上打洞。碑文用字母书写，那些字母源自南印度的帕拉瓦王朝（Pallava dynasty）时期使用的语言，以及9世纪北印度的书写方式。这些由梵语书写的碑文和纪念碑一样，歌颂家族历史或历朝历代功绩的赞诗。

碑文形成的时间是印度沙迦（Shaka）时代，即78年。伊奢那跋摩一世统治期间（7世纪初期），首次出现高棉语碑文，碑文以散文的形式记录大量的人名、土地、寺庙的所属，那些寺庙用来举行祭拜仪式，为负责祭拜活动的祭司们提供活动场所。

1898年，法国远东学院（École Française d'Extrême Orient，缩写EFEO）成立，组织有序的考古研究由此展开。建筑师亨利·杜福尔（Henri Dufour）和摄影师查尔斯·卡佩克斯（Charles Carpeaux）一同在巴戎寺工作，为完成一本关于巴戎寺的专著收集材料。1907年，暹罗将吴哥及其邻近省份交还柬埔寨，次年，吴哥历史古迹保护局（Conservation des Monuments d'Angkor）成立，负责保护当地古迹，让·康梅勒（Jean Commaille）出任保护局首位局长兼负责人。

高棉古迹的名录由同为军人出身的殖民地步兵军官吕内·拉约基尔（Lunet de Lajonquière）编写，他因《柬埔寨古迹名录汇编》(*Archaeological and Descriptive Inventory of the Cambodian Monuments*)而广受好评，该书于1902年11月出版，除去标记了“重复”的记录外，全书涵盖了910处古迹。法国远东学院考古部门主任亨利·帕门蒂尔(Henri Parmentier)在吕内·拉约基尔的基础上对名录进行了大量扩编。1922年，埃里克·塞登法登(Erik Seidenfaden)补充了位于泰国行省中的高棉遗迹。

不幸的是，文物偷盗也由此开始了，最有名的案例是1924年安德烈·马尔罗(André Malraux)在女王宫的偷盗事件。

1925年，吴哥考古公园建立，两年后，巴黎吉美博物馆的艺术历史学家菲利普·斯特恩(Philippe Stern)校对整理了高棉艺术与文明的年表，他从没去过柬埔寨，只依靠解读碑文的内容完成了这项工作。1929年，法国远东学院主任乔治·克代斯对斯特恩的年表加以细化，根据碑文内容制作出确切的高棉文明年表，并划分了各时期的艺术风格。1920年至1933年，亨利·马尔卡尔(Henri Marchal)成为保护局的第二任负责人，他采用原物归位法[①]修复高棉古迹，此前这种方法已在印度尼西亚获得成功。这种修复方法沿用至今，具体办法是先将整个建筑物拆分为若干块，在每块上标记数字，最后依照精密的复原修缮方案将肢解的碎块整合在一起。缺少的部分将被替换为与建筑物和谐融合的其他部分，但由于特殊的标签，很容易被认为是新的。将缺失的部分进行复原，使其与建筑整体完美融合，因为做了特殊标记又能轻易辨识。伯纳德-菲利普·格罗斯利尔(Bernard-Philippe Groslier)完善了这项技术，并在1931年修复女王宫的庙宇时首次应用了这种技术。

由于人们对高棉文化的兴趣日益高涨，在1931年巴黎举办的殖民博览会上，建筑师查尔斯·布兰奇(Charles Blanche)和盖布里尔·布兰奇(Gabriel Blanche)父子共同制作了吴哥窟微缩模型，他们为这个作品倾注了6年心血，由雕塑家奥贝莱(Auberlet)负责装饰。

与此同时，深度的考古发掘还在继续，新一任负责人乔治·亚历山大·特

①原物归位法，考古学术语，指修复古建筑时，经过谨慎研究和测量之后尽可能采用原有的材料。

P74—75：1867年法国探险团队于吴哥遗址的合影

鲁韦（Georges Alexandre Trouvé，1935年不幸在一场事故中离世，去世时年仅36岁）开凿巴戎寺主井时发现了被遗弃的巨大佛像。1936年到1945年间，莫里斯·格雷兹（Maurice Glaize）负责挖掘工作，包括修复巴空寺。法国远东学院汇集了众多的人物，考古部门主任建筑师亨利·帕门蒂尔和俄罗斯贵族维克多·戈洛贝夫（Victor Goloubeff）均在其列，后者首次使用飞机航拍吴哥古迹，并于1931年发现了巴肯山是吴哥的中心。

痴迷于柬埔寨舞蹈的画家乔治·格罗斯里尔（George Groslier），为弘扬当地传统和工艺，创办了柬埔寨艺术学校（School of Cambodian Arts），此外他还创立了金边考古博物馆的雏形。他的儿子伯纳德-菲利普（Bernard-Philippe）于20世纪60年代担任法国远东学院最后一任负责人，前两任负责人分别是在1947年至1953年间任职于法国远东学院的亨利·马尔卡尔和1954年至1959年在位的让·劳尔（Jean Laur）。

1992年，联合国教科文组织将吴哥列入《世界遗产名录》。目前，柬埔寨的文物修复工作在世界各国的援助下进行，由柬埔寨政府机构吴哥古迹保护与发展管理局（Autorité pour la protectione du Site et l’Aménagement de la Région d’Angkor，缩写为APSARA——与飞天女神的名字相同）监管。

1

第一章
早期建筑的精华

章节导读

早期的高棉建筑体现了高超的工艺，不只线条柔和利落，还有精美的装饰。例如罗洛士遗址中的神牛寺、洛雷寺以及巴空寺中的门楣，这些都是高棉艺术中最为瑰丽的建筑。行程规划依照两种基本的庙宇形式而定，一种是纵向型庙宇，一种是山形庙宇，又称金字塔形庙宇，后者起初建在自然山体上，如巴肯山。所谓的纵向庙宇是一系列结构相似功用不同的塔殿组成的一个整体，纵向庙宇的代表是神牛寺、洛雷寺、帕沙贝寺、巴琼寺、因陀罗三象寺和豆蔻寺。豆蔻寺有一点与其他庙宇不同，它是整个吴哥地区唯一一座在内殿刻有浮雕的寺庙，当时的内殿上甚至还有墙绘。看到这些庙宇，不难想象曾经存在于庙

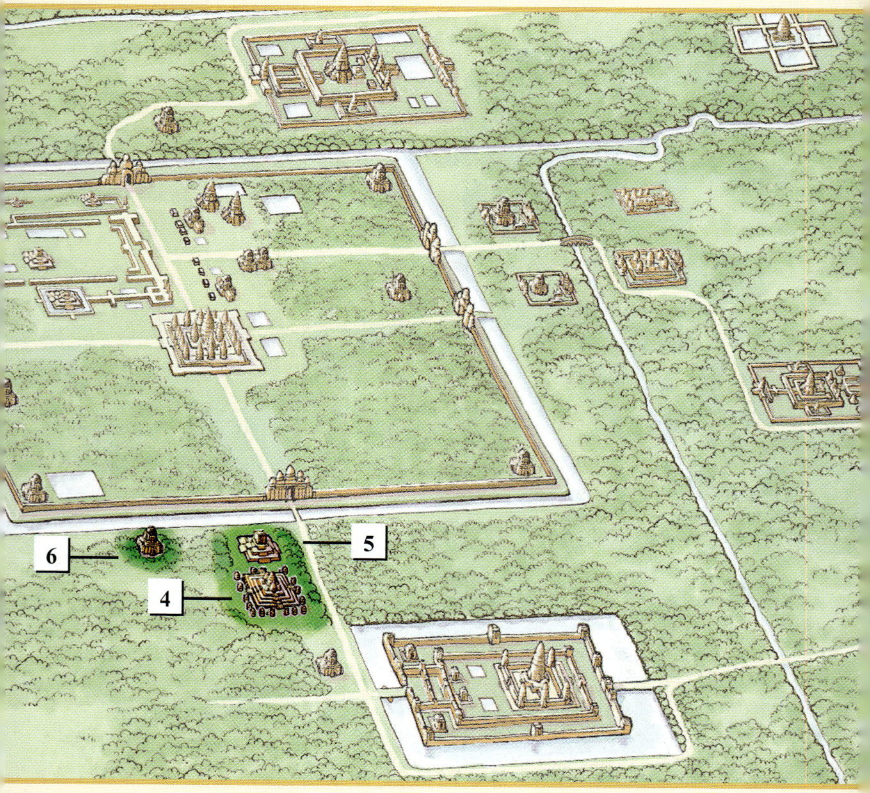

P77：神牛寺的门楣，
中间是迦楼罗的浮雕

宇墙壁上的彩绘是多么的绚丽夺目。而金字塔形建筑的样貌则在巴云寺中浮现，由于其建筑构造小巧，相较于东梅奔和比粒寺那样的构造复杂的建筑群，巴云寺仿佛建筑模型般的存在。

1

神牛寺

历史

神牛寺，即神牛之庙，因存放着三座南迪的雕像而得名，南迪的雕像也侧面证明了寺庙是为祭拜湿婆而建。神牛寺坐落于今天的罗洛士遗址，位于吴哥东南方向12千米处。那里曾是诃里诃罗洛耶城，“诃里诃罗洛耶”意为诃利诃罗的宝座，阇耶跋摩二世在此将政权和以毗湿奴与湿婆为代表的神权合二为一；877年，他的孙子因陀罗跋摩一世登基，为保障供水，因陀罗跋摩一世修建了因陀罗之池——因陀罗塔塔迦湖。为这座华而不实的高棉水利建筑举办了启用大典之后，879年因陀罗跋摩一世下令修建神牛寺，以供奉先祖，神牛寺坐落于距离主路右侧300米处。

神牛寺四周散落着占地面积为330公顷的民居，更外圈的护城河围成了一个宽400米、长500米的范围，河的内侧有两个蓄水池。

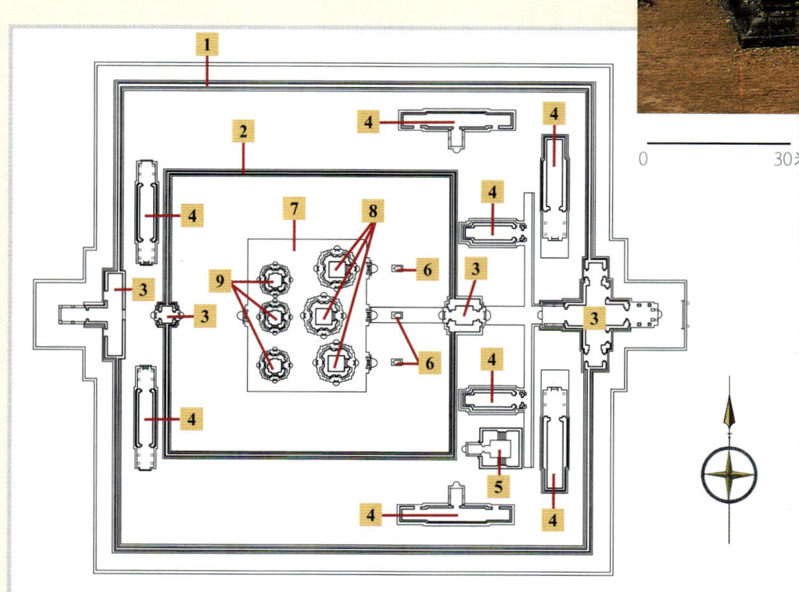

图释

1 第二层围墙
2 第一层围墙
3 塔楼
4 长厅（长方形的独立建筑，寺庙山建筑的核心是庙宇，而长厅是其中的附属建筑）
5 藏经阁
6 南迪雕像
7 塔殿平台
8 祭拜君王的三座塔殿
9 祭拜王后的三座塔殿

P80上图：假门上的细节，荒诞的面具

P80—81大图：门前伫立着两尊南迪雕像的神牛寺

P81上图：建筑上残留的灰泥修饰痕迹

P81下图：砂岩壁龛内的守门天（寺庙的守护神）雕像

参观指南

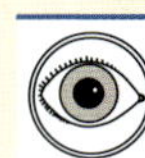

主体寺庙周围环绕着两圈围墙，每层围墙都有一座塔楼作为入口。第二圈围墙宽95米、长99米，东墙建有十字形塔楼，现今塔楼建筑尚有部分遗存。此外，在引道两侧各有一个长厅，他们垂直于引道方向而建，带有门廊。还有两个相似的红土建筑，入口朝向东方，与引道平行而建。东南侧的红土建筑旁边是一座藏经阁，藏经阁呈方形，有厚厚的砖墙和带有砖砌护栏的盲窗。第二层围墙的南墙和北墙各有一个长厅，还有与之相似的两个建筑物沿着西墙平行而立（建筑的两端均有廊厅）。

第一圈围墙宽59米、长60米，这一圈围墙已经所剩无几，围墙内有一层宽25米、长31米的平台，有三个阶梯通道通向平台之上，每个通道两侧都有一尊守门狮子。平台上有序排列着六座砖砌塔庙，塔庙朝东建在砂岩平台上，塔殿分为四个台基，由下至上逐层缩小直至塔顶。第一排的三座塔殿是为国王的三位男性先祖而建，后面的三座塔殿以三位先王的王后而建，在体积上第一排的塔殿比后一排的塔殿更大。其中第一排中间的塔殿是最大的一座，里面供奉着阇耶跋摩二世死后人们将他的形象神话为至尊王者而造的雕像。中间塔殿的右侧，即北边的塔殿中供奉着因陀罗跋摩一世祖父鲁德拉瓦曼的雕像，而南侧的塔殿中供奉有因陀罗跋摩一世的父亲毕底郊陀罗跋摩（Prithivindravarman）的雕像。纳伦德拉王后（Narendradevi），因陀罗德拉王后（Dharanindradevi），毕底郊陀罗王后（Prithvindradevi）这些备受崇敬的王后在塔殿中受到朝圣般的供奉。她们名字中的后缀“devi”代表女神。

外墙包裹着一层灰泥，灰泥是一种能够起到高度修饰效果的粉饰灰泥，今天仍然能看到一些灰泥附着的痕迹。墙体上有砂岩壁龛。供奉男性先祖的塔殿，壁龛中有守门天或其他守护门神的雕像，供奉女性先祖的塔殿中，壁龛中则有立姿女神蒂娃妲和其他女神雕像。砂岩也是制作假门的材料，门的两侧有精美的八棱柱，假门的边框刻曼妙的花纹装饰。位于东侧的三座塔殿，门的壁柱镌刻着优美的碑文。这些塔殿的门楣是高棉艺术中最绚丽多彩的作品，门楣的拱顶雕刻着花纹，花纹装饰的尽头是多头蛇那伽和摩伽罗各执一端。繁多的植物装饰中出现了骑马的人像，中间是摧毁一切的恶魔伽罗的面具，或是骑在迦楼罗上的毗湿奴，迦楼罗是毗湿奴半人半鸟的坐骑。门楣上方的长条浮雕刻有诵经者的形象，这块浮雕连接着门楣和上方的楣饰。

P82左图：带有飞檐的门楣，诵经者浮雕

P82右图：西北方向的塔殿

P83上图：假门壁龛的守门天

P83下图：雕花的门楣上武士和摩伽罗分置两端

1

巴空寺

历史

巴空寺是位于诃里诃罗洛耶城的寺庙山，距离神牛寺500米，由因陀罗跋摩一世于881年下令修建。尽管在修建巴空寺以前也有类似的寺庙山，然而巴空寺是第一座用砂岩建成的寺庙山，较之前的寺庙山规模更大，风格也更为鲜明，因此巴空寺被视为寺庙山的典范。巴空寺最外沿的围墙有护城河环绕，每一侧河道长为800米，围墙内侧有几处民居。

图释

1 第一层围墙
2 塔楼
3 引道
4 长厅
5 庙堂
6 带有通风口的塔殿
7 塔殿
8 金字塔形庙宇
9 台阶通道
10 小型塔殿
11 中央塔殿

参观指南

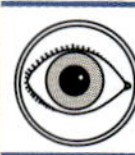

如果您到达巴空寺的位置是其北侧，最好绕过外墙从东侧第二道围墙的塔楼进入，只是昔日的围墙已经悉数尽毁，只剩残破的废墟。第二道围墙宽400米、长450米，第二道围墙和第一道围墙之间有一条60米宽的护城河。护城河上横跨两条东西走向的步道，为国都诃里诃罗洛耶城增添了两条纵横通道，使其贯通南北东西的通道增至四条。当我们迎风走过步道，经过巨石筑成的蛇

P84上图：寺庙山底部塔殿的假门细节图

P84—85：第一圈围墙引道上残存的南迪雕像基座

P84下图：寺庙山顶层基台南侧带有恶魔雕刻的装饰瓦片

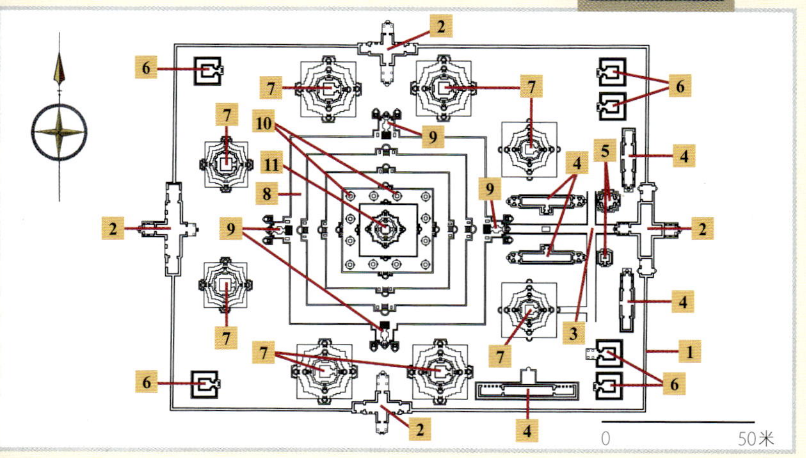

神那伽，那是高棉时期经典的那伽形状的护栏。有一处25米宽的地带是寺庙僧侣的住所，东北角还有一座高棉传统风格的现代佛教寺院。

第一层围墙由红土筑成，围墙宽120米、长160米，四面均有十字形塔楼作为入口。从东侧塔楼进入，有两个长方形红土建筑于引道方向垂直而立，这种建筑是后来贯通的长廊的雏形。围墙内的东北角和东南角个有两个造型小巧的塔殿，塔殿呈规整的方形，有厚厚的砖墙。西北角和西南角则各有一处同一类型的塔殿。保存最好的塔殿集中在西南方向。学者们一贯认为这些建筑曾作为焚尸场所使用，而建筑顶部的通风孔让他们重新审视这种说法。第一道围墙入口处的引道两旁各有一座小型祭拜堂，其中北侧座那的基座尚存。

两座带有廊厅的长厅与引道平行而立，都是后续补建的；还有一座同样形态的建筑沿着南墙而建，与巴空寺建造时间一致，如今建筑已不复存在，墙边只有一些残垣断壁。这些建筑的功用至今仍无人知晓。

另有8座砖筑神庙环寺庙山而立，据奠基石碑的记载，神庙的基座呈八边形，寓意湿婆的8种化身，即日、月、风、地、水、火、空、祭祀（atman）。古迹中常出现宇宙象征符号，例如数字“8”，代表8个空间方位，以及保卫各个方位的神明。塔殿的构造是十分常见的形式，底层基座的四面设有4个阶梯通道通向塔殿，塔殿坐落于底座之上，呈金字塔状由下至上逐级缩小，塔殿的四面造型一致，三角楣错落有致地排列，最上端由一颗莲花花苞封顶。塔殿内墙

抹了一层红色灰泥，建筑内的木质顶棚掩盖了叠涩拱的内拱券。

特别值得关注的是庙宇上的门楣，砂岩壁柱围成的门框以及假门，正是这些元素让东北方向的寺庙别具情趣。寺庙的壁龛中有守门天和立姿女神的雕像，墙上依稀可见的灰泥痕迹昭示高棉工匠的精湛技艺，现存最完好的是西侧塔殿的墙壁。

巴空寺建筑群的中心是一座近似金字塔形态的建筑，由砂岩巨石筑成，底层基座宽65米、长67米，顶层基座宽18

P86：中央塔殿周围环绕着12座小型塔殿

P87下图：位于寺庙山基座上的塔殿的门楣

P87上图：位于引道两侧的两座长厅之一

P88：中央塔殿和门前的守门狮

P88左下图：寺庙山阶梯北侧入口门厅

P88中下图：中央塔殿中砂岩雕刻的立姿女神

P88右下图：中央塔殿的门柱细节图

米、长20米，共五层基座层层叠加高达14米。这座人造山体象征须弥山，五层基座分别与五位神话人物关联，蛇神那伽、神鸟迦楼罗、罗刹魔（rakshasas）或恶魔，夜叉（yakshas）或树木之神，以及天神，即吠陀中宇宙开端的诸神。每一层基座的阶梯处都有作为入口的一个小型的长厅，北侧一处建筑保存得最好，可以作为重点参观，同时这类建筑在高棉建筑中并不多见。阶梯之上是弧度优美的半圆形门槛，两旁各立一尊守门石狮。为了达到最佳的视觉效果，建筑师将阶梯的高度和宽度都进行了不易察觉的缩减，高棉的建筑师还采用了比例缩减法则（proportional reduction），又称伪透视，不过这项技术仅在当时塔殿屋顶的设计中使用。同样是为了达到视觉效果，寺庙山的基座由东向西略微缩小。

位于寺庙山最底层的三层基座的四角都有大象雕像，象征着托起大地的神物，在基座的四角放置大象目的是在将他们特有神力传递给建筑，保佑建筑稳固。此外，大象是还是众神之王因陀罗的坐骑，也是一国之君的坐骑。第四层基座上的12座砂岩神殿入口均朝向东方，塔殿有三层假层，曾经供奉12尊林伽雕像。第五层基座也是最高一层基座，基座的侧墙上曾经满是精美的装饰浮雕，极尽奢华。而如今，除了南面侧墙上残留的恶魔浮雕外，昔日的华美已荡然无存。

这座12世纪建成的中央塔殿坐落在一座高耸的平台上，在俯瞰图呈锯齿状，除朝东的正门，另外三面均是假门，塔身有四层，塔顶是莲花形状的装饰，塔殿中曾供奉着881年封为圣物的王家林伽室利陀罗（Cri Indreshvara)。1940年，莫里斯·格雷兹优化了原物归位法，利用这个方法，中央塔殿得到了良好的修复。诃里诃罗洛耶城的建筑群从印度宇宙象征中汲取灵感，巴孔山象征须弥山，中心的护城河象征浮现须弥山的宇宙之海，旁边的土地象征人类栖息之地，环绕着它们的围墙象征四周的群山，外圈的护城河又是另一片海洋的象征。

P89：守门大象前是第四层基座的两座小型神殿

1

洛雷寺

参观指南

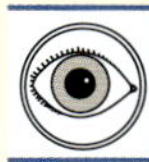

洛雷寺距离暹粒13千米，在与巴空寺的交汇处稍向左转后前行600米即可到达。889年，耶输跋摩一世为纪念父亲因陀罗跋摩二世和先祖修建了洛雷寺，整个建筑群位于一座四周环水的小岛之上，即当时的人工湖——因陀罗塔塔迦湖，现今已经干涸。基座宽80米、长90米，上面挖凿了几条横贯基座的排水渠，基座上伫立着四座庙宇。学者们不太清楚为什么建筑师要在这里再建两座庙宇，对于神牛寺的建筑，他们也有同样的困惑。砖筑塔殿坐落在砂岩地基上，入口朝东，塔身是四层金字塔形态。工匠们造门的工艺令人惊叹，门的两侧

P90上图和91下图：假门上的装饰细节

P90—91：东北方向的塔殿与背景中的现代寺庙

P91上图：带有守门天浮雕的壁龛与朝东而开的寺庙入口

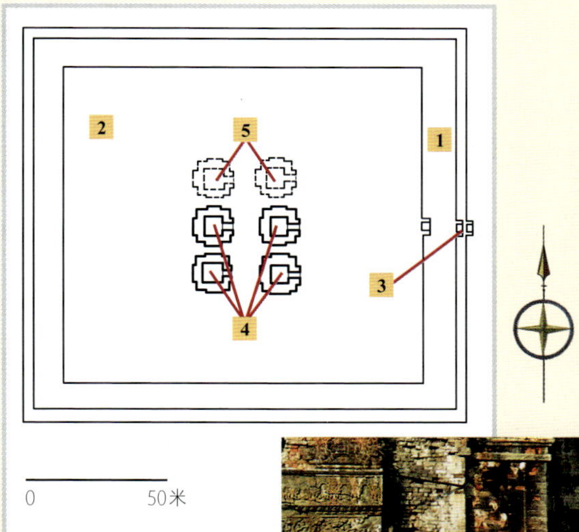

0　50米

图释

1　人工岛屿

2　平台

3　阶梯

4　现存的四座塔殿

5　被毁的两座塔殿的原有位置

是纤细优雅的门柱，门的侧柱上刻有经文，门梁上方是带有精美浮雕的门楣。而假门则有装饰精美的门梃。寺庙的东侧墙壁上有雕刻着守门天的壁龛，而西侧的壁龛中则是身着优雅服饰的立姿女神。现代寺庙建在古迹周围，佛堂建在左侧，僧侣的居所建在右侧，现代寺庙传承了净修林（Ashrama）的佛教精神，净修林是与洛雷寺同一时期的古印度寺庙。

1

巴肯山

历史

巴肯山，意为“雄伟的山川”，是一座高度超70米的自然山体，人们在巴肯山上修建了一座同名的寺庙山，即巴肯山。巴肯山位于因陀罗补罗城（荣耀之城）的中心，889年登基的耶输跋摩一世定都于此。因陀罗补罗城是当时世界上大型的城市之一，尽管这是将稻田等农用土地面积也包含在内来衡量。因陀罗补罗城四周被边长为4000米城墙环绕，城墙外是宽达200米两侧带有平行堤岸的护城河，架高的堤岸同时兼具防水通道的作用。

为了给新都城提供充足的水源保障，国王下令修建耶输陀罗塔泰卡（Yashodharatataka）水池，更为人所熟知的名字是东池，暹粒河为其主要水源，也从运河中引水，水池长度超过7000米，宽度逾1800米，是因陀罗补罗城最大的护水池。

巴肯山中供奉着王家林伽雅梭哈里斯瓦拉（Yashodhareshvara），即“荣耀之王”，前往巴肯山有两种路径，既可以攀爬两端伫立凶恶守门狮的陡峭阶梯，也可以选择位于寺庙左侧的“大象之路”（步行需要20分钟左右）。

P92上图：中央塔殿的装饰雕刻

P92—93：洛雷寺全景图

P92下图：位于东北方向的藏经阁

P93左上图：寺庙山基座上的砖筑庙宇

P93右上图：寺庙山层层基座上的小型砂岩庙宇

图释

1 内层围墙

2 塔楼

3 藏经阁

4 环绕着寺庙山底层基座的44座砖筑塔殿

5 寺庙山逐层缩小的基座

6 每层基座上分布12座砂岩塔殿

7 五层基座上的平台

8 平台四角上的塔殿

9 中央塔殿

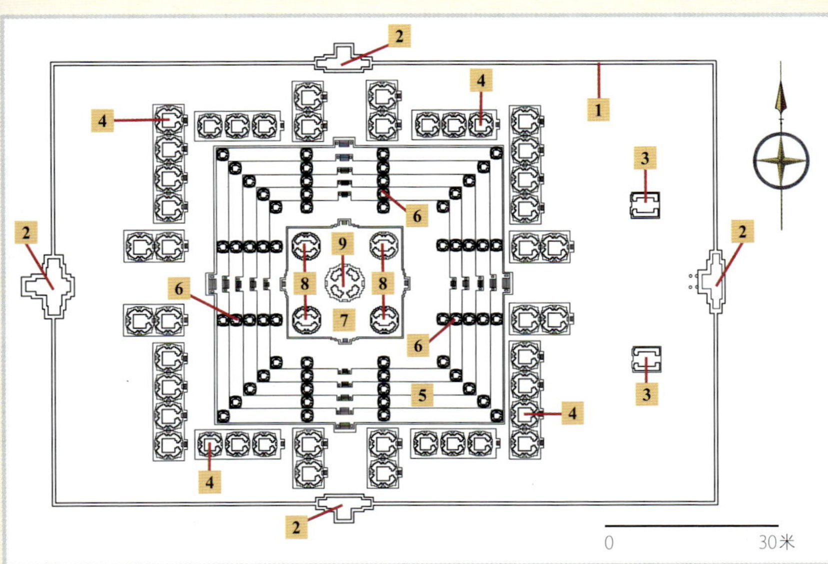

1
2
3
4
5
6
7
8
9
0
30米

P94上图：四层塔殿，塔顶修饰着一只莲花花苞

P94下左图：位于阶梯两侧守门狮半身像

P94下右图：位于最顶层基座上的底座约尼与林伽

P95上图：位于阶梯旁的守门狮和小型塔殿

P95下图：寺庙山的五层基座

参观指南

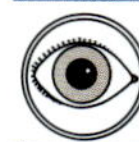

长120米、宽185米的平台是整个建筑群的底座，平台延展出通道，通道两侧的立柱保留了下来，经过一座砖筑的舍利塔（stupa）和一座存仿佛陀足迹的小型廊厅，就来到第一道红土围墙，第二道围墙的入口塔楼已经毁坏。寺庙山耸立在两座砂岩藏经阁之后，寺庙山有5层基座，由下至上逐级变小，山体由山石堆砌而成，表面附着砂岩，四面均有阶梯通道通往最高的基座，阶梯两端是高出阶梯很多的扶壁，上面伫立着守门狮的雕塑。环绕着寺庙山底层基座遍布44座砖筑塔殿，塔殿的东面设有入口，另外三面是假门，只有东侧的塔殿例外，东西两面都有入口，此外位于4个阶梯通道两边的8座塔殿设一或两个入口。尚存最完好的塔殿是位于西侧的塔殿。

当您来到东侧的阶梯下，会注意到左侧有一尊可爱的雕像基座，附近还有一个带孔的石质基座。每一个阶梯通道前都有一尊神牛南迪的雕像，您可以在西侧和北侧的阶梯前看到现存的南迪雕像，而南侧阶梯前的雕像刚刚完成修复。寺庙山的底部基座边长76米、宽47米、高13米。每层基座上分布12座砂岩塔殿，4座分列基座的四角，2座位于阶梯两边，入口都朝向东方，塔身分为4层，塔顶是莲花花苞装饰。

第五层基座，也是最高层的基座上是一个边长约30.8米，略高于1.5米的平台，尚存建造时的痕迹，平台上有5座塔殿，均由砂岩筑成，每座塔殿都有4个入口，塔殿呈梅花形分布，4座塔殿位于平台四角环绕位于中间的中央塔殿。位于四角的塔殿几乎完全损毁，仅存的遗迹是东侧2座塔殿的基座和林伽雕塑，毕竟巴肯山是供奉湿婆的寺庙。

中央塔殿要比另4座塔殿稍大，外部涂抹了灰泥作修饰，上层塔身已不复存在，和平台上的其他塔殿一样仅残存了基座。有几处景致值得细细品味欣赏，一处是建筑上枝叶缠绕的装饰浮雕，一处是塔殿西门和南门两侧的壁龛里面的守门天，衣服上的褶皱是工匠直接在砂岩上雕琢的，而不是在灰泥涂层上雕刻。据北门东侧的基台上镌刻的碑文中记载，巴肯山建于907年。站在山顶向西南方眺望，吴哥遗址全景尽收眼底。

巴肯山是须弥山极有力的代表之一，仿佛蕴含了无以名状的魔力。巴肯山上的108座塔殿（44座在寺庙山下的平台上，60座分布在5层基座上，4座伫立于山顶）环绕中心塔殿而立，这是极具象征意义的布局，数字“108”寓意宇宙的总和，也是恒星月天数“27”与数字“4”的乘积，这个乘积代表月圆月缺的四大变化阶段（新月，上弦月，下弦月，满月）。此外，数字“108”也暗指湿婆的108个名号，以及印度念珠中的108颗念珠。

中央塔殿是周围所有塔殿的中心，圣殿中供奉林伽，寓意“明点”（bindu），指时间空间浮现的瞬间，宇宙也随即诞生。“明点”是全知全能的体现，林伽是全知全能的具象表达。同样，两者都暗指世界又一次被吞噬，回到初始状态。中央塔殿象征须弥山的最高峰，建筑由此开始，也由此终结，同时中央塔殿也象征着神权由上天降临凡间，权力从圣殿延伸出去，由国家统治者一手掌握，终其一生君王将自己神化成天神下凡，统领整个国家。

山上塔殿林立，每层分基座上布12座小型塔殿，5层基座上共有60座塔殿。印度传统中有黄道十二宫之说，中国也有十二生肖文化，高棉人从中得到灵感，使用数字“12”。木星绕太阳公转一圈，经过整个黄道宫需要12年，而太阳经过黄道宫只需1年时间。木星的周期持续了60个太阳年，分为5个周期，每个周期为12个太阳年，这也是高棉文化的一部分。于是就有了5层基座和上面的60座塔殿，巴空山利用数字“12”和“60”体现木星年的含义。

实际上巴肯山分为7层，由最底层的平台、5层基座以及最顶层的梅花式平台组成，既代表须弥山的分层，又代表印度教中的宇宙七重天（saptaloka）。就连塔殿的布局和大小也是经过精心设计的，观赏者只要站在任何一边的中心点，即方位基点，看到的是33座塔殿，而印度教中恰好有33位主神。须弥山是神明的居所，而作为其象征的巴肯山耸立在众多群居城镇的中心，正是在强调统治者将其国都转化为神权中心的强烈意愿。多处碑文将耶输跋摩一世比作须弥山，比作众神之王因陀罗，梵天以及三相神毗湿奴，更加验证了这一点。

P96左图：带有立姿女神浮雕的壁龛，以及中心塔殿的灰泥浮雕装饰

P96右图：梅花式平台一角的塔殿遗址中伫立的立姿女神壁雕

P97：灰泥涂层上的植物装饰环绕的诵经者壁雕

1

巴云寺

参观指南

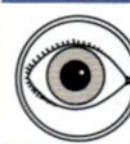

巴云寺坐落在吴哥王城内，距离南门250米，在主路的左侧。它由曷利沙跋摩一世下令修建，于947年，罗贞陀罗跋摩二世在位期间完工，是一座供奉湿婆的庙宇。寺庙名字在当地语言中意为“拥有庇护之翼的大鸟”，据悉是因为高棉国王遇险时，曾有一只大鸟张开翅膀护住国王使其免受敌人伤害。

巴云山规模不大，高度不足13米，山体是一座呈方形的红土金字塔建筑，共有四层基座，底层基座边长27米。按照当时的习俗，伫立在砂岩平台上的舍利塔由砖石筑成，外部涂抹灰泥，门框以及装饰假门都由砂岩制成。

巴云寺东侧的门楣值得关注，门楣上端盘坐着一排诵经者，每个人物头上均带有拱形装饰图案，门楣中央是因陀罗骑在他的坐骑——神象埃拉瓦塔身上在两丛花卉植物上飞过，花环中出现了用自己的鼻子当坐骑的象头神犍尼萨。门两侧的门柱上镌刻着记录高棉历代君王谱系的碑文，刻写的年代可追溯到947年，碑文十分隽美精致。庙宇角落的墙壁上依稀还有立姿女神雕像的遗迹。庙宇的塔顶有三层，且四面保持一致。四面均有阶梯通道，两侧带有扶壁，陡峭的通道直通山顶，位于山顶的庙宇曾有一圈围墙环绕，要通过位于其东侧的塔楼才能进入。

P98上图：东侧入口侧面带有立姿女神雕像的壁龛

P98下图：内部是一尊当代的佛像

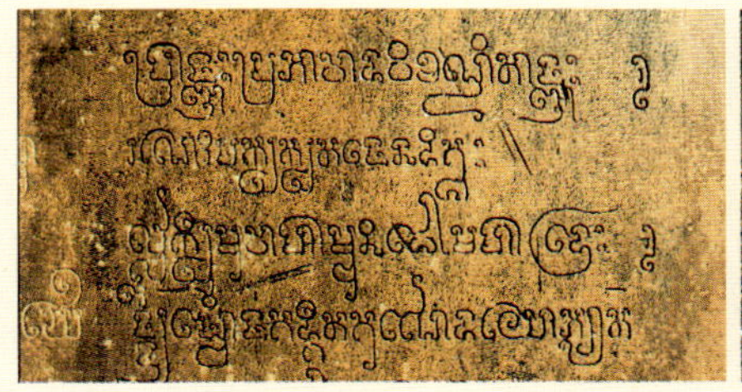

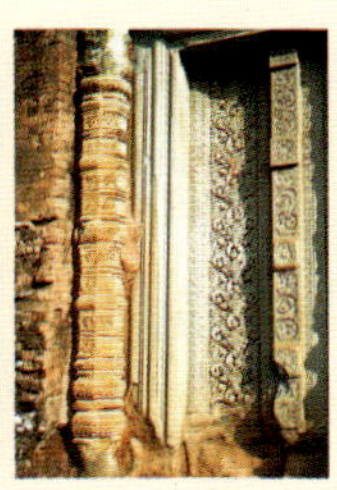

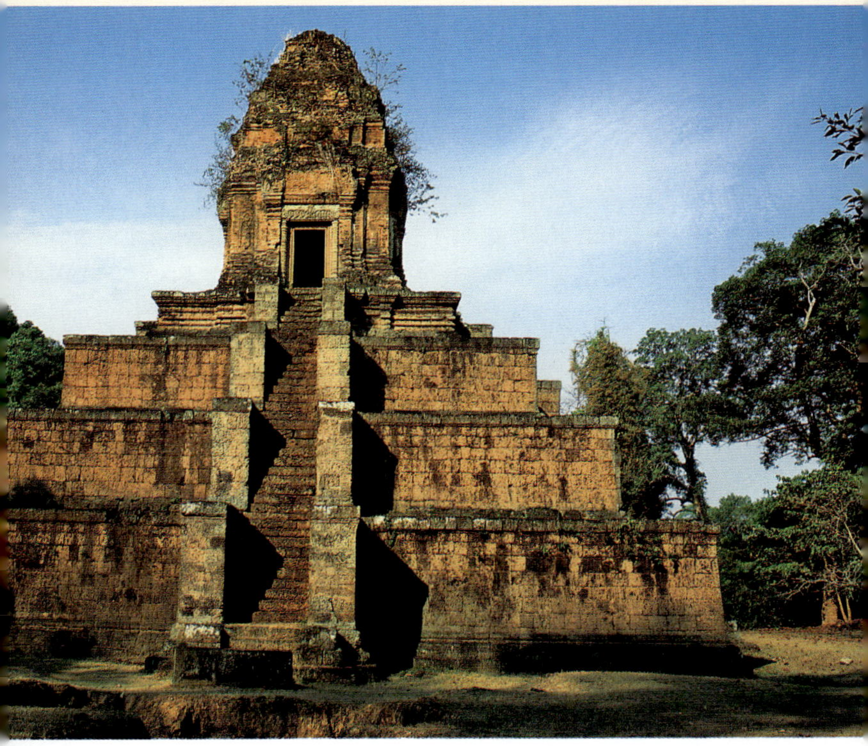

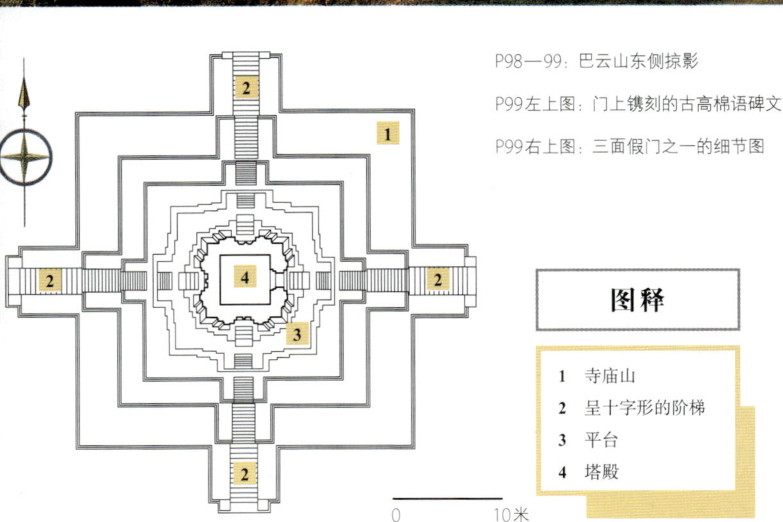

P98—99：巴云山东侧掠影

P99左上图：门上镌刻的古高棉语碑文

P99右上图：三面假门之一的细节图

0 10米

图释

1 寺庙山
2 呈十字形的阶梯
3 平台
4 塔殿

1

帕沙贝寺

参观指南

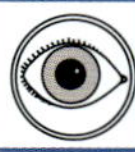

在踏上通往吴哥王城南门的路上之前，您会在左侧看到一处伫立三座庙宇残骸的遗址，这就是建造于10世纪的帕沙贝寺。经过一座散落着砖塔遗迹的红土基座后，展现在您面前的是带有林伽雕塑和砂岩门框的另一座基座。再往前走将看到一座红土平台上伫立这一座保存完好的砖塔，三层塔顶由下至上逐级缩小，塔殿两侧的两座外塔殿均被毁坏，塔顶早已不复存在，只剩砂岩制成的入口和装饰假门。精美的五棱柱上刻有繁复的植物花纹装饰，中央塔殿的门楣上那骑坐在神象埃拉瓦塔身上的因陀罗，南侧塔殿门楣上狮子浮雕，这些都是10世纪的巴肯风格。北侧塔殿有个很有意思的发现，由于门楣尚未完工，可以从中揣摩出当时的建筑技艺。

P100：三座横向排列的塔殿

P101上图：北侧塔殿中一处仰慕母神的人物浮雕细节图

P101中图：北侧塔殿中母神的信徒浮雕

P101下图：中央塔殿的北墙浮雕，身骑迦楼罗的毗湿奴

1

豆蔻寺

参观指南

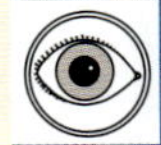

豆蔻寺，“豆蔻圣殿”曾被一座蓄水池环绕，距离班迭哥迪800米远，据说修建于曷利沙跋摩一世在位时期，但并非一座官方修建的庙宇。

五座塔殿耸立在一方宽10.4米、长35.2米的平台之上，塔殿的布局别具匠心，和吴哥的庙宇一样，塔殿的入口均朝向东方，中央塔殿有四层的金字塔状的塔身，门廊的位置设有假门，豆蔻寺的建造强调建筑的垂直推力。庙宇入口的两侧依稀可见庙宇的守护神守门天壁雕的痕迹。中央塔殿两侧的四座塔殿中，只有位于最南端的一座还保留着原有的两层塔顶，其余塔殿只残存一层塔顶。

中央塔殿内有华美精致的浮雕，浮雕表面的彩绘如今已不见踪影，雕刻描绘了毗湿奴的多个化身，毗湿奴是三相神中位列第二的保护之神，豆蔻寺正是为他而建。左侧墙壁上描绘毗湿奴化身成侏儒瓦摩纳（Vamana），三步之内制服了恶魔帕利（Bali）的场景。

图释

1 中央塔殿
2 位于中央塔殿两旁的塔殿
3 供奉林伽的基座
4 浅浮雕

0 10米

对侧墙壁上，毗湿奴驾着半人半鸟的迦楼罗，手持神盘、神螺、圆球以及神杵，在正面的墙上，毗湿奴伸出八臂，威严尽显，诵经的信徒围绕在其身边，整个画面上方有一只弯曲着身体的蜥蜴形态的拱形修饰，这样的修饰含义尚不明确。

北侧塔殿的圣殿中有两处女性壁雕，一处是西墙上四臂女性，一处是北墙上的双臂女性。尽管壁雕上的形象是毗湿奴的配偶拉克希米，但是她手持的神物，圆盘、三叉戟、象鞭、莲花，却令人将她与湿婆配偶联系在一起，甚至使人联想到圣母提毗。

◆巴琼寺◆

从豆蔻寺出来后，距离您400米有一条荒芜的小路通往巴琼寺。沿着水池的边缘一直向前就来了巴琼寺，寺庙外部有一圈围墙，围墙外是护城河，从围

P102—103：五座塔殿东侧景观图

P102左下图：中央塔殿南墙上的浮雕，毗湿奴迈出三步的场景

P102右下图：北侧塔殿西墙上的浮雕，大女神像

P103左图：位于中央塔殿入口的壁龛内守门天浮雕

P103右图：刻画着骑在神鸟迦楼罗身上的毗湿奴浮雕上一个叩拜信徒的细节图

墙东侧的塔楼进入，通向庙宇。距离圣殿300米有一方水池，水池中的圣水通过渠道引向圣殿。

支撑塔殿的只有一层基座，塔殿的入口朝东，另外三侧设有装饰假门。960年，迦维因陀罗梨摩多那修建了巴琼寺，他是国王罗贞陀罗跋摩二世的僧侣建筑师。每座塔殿的门厅两侧都有赞颂建筑师的碑文，这些歌功颂德的散文诗由不同作者创作。塔殿中的立柱十分优雅。中央塔殿的门楣底端有一排诵经者，凌驾于他们之上的是身骑大象的因陀罗，他身边有两头狮子；北部塔殿的门楣上各式人物盘踞于螺旋状花卉图案之上。考古学家在中央塔殿内的地面上发现了“具”（yantra，又称印度延陀罗），这是一种意义深奥的几何图案，7个部分最终汇成49个方块组成的棋盘格图案，上面有梵语字母。目前，塔殿还在修复中。

神话传说

尽管在宗族谱系上，帕利属于恶魔一派，实际上帕利是一位正直的国王，然而他登基后得到的巨大权力影响到了众神。众神遂求助于毗湿奴，毗湿奴答应帮忙。毗湿奴化身成侏儒瓦摩纳来到帕利面前，请求他满足自己的一个愿望，请求把三步范围内的土地赐予他。对于如此卑微的愿望，帕利感到既惊讶又可笑，于是应允了他的请求，没想到毗湿奴恢复了本身，三步跨越天、空、地三界，夺回了神界，将帕利留在了地狱，从此帕利成了地狱之王。

1

东梅奔

历史

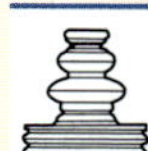

东梅奔寺距离比粒寺6000米，由国王罗贞陀罗跋摩二世命设计建筑师迦维因陀罗梨摩多那修建，庙宇位于东池中的人工岛上，水池宽117米、长114米。东梅奔寺于952年完工，用来供奉湿婆，是一座三层塔顶的庙宇，只能乘船前往。四层基座带来的高度起伏变化，入口的十字塔楼无法建成“十字”延伸太多的形态，第二圈围墙的塔楼的位置向内收缩，连通两侧伫立守门狮的阶梯，通向塔殿。在第一层和第二层基座的四角有宏伟的大象石雕，保存最为完好的石雕在西北角。

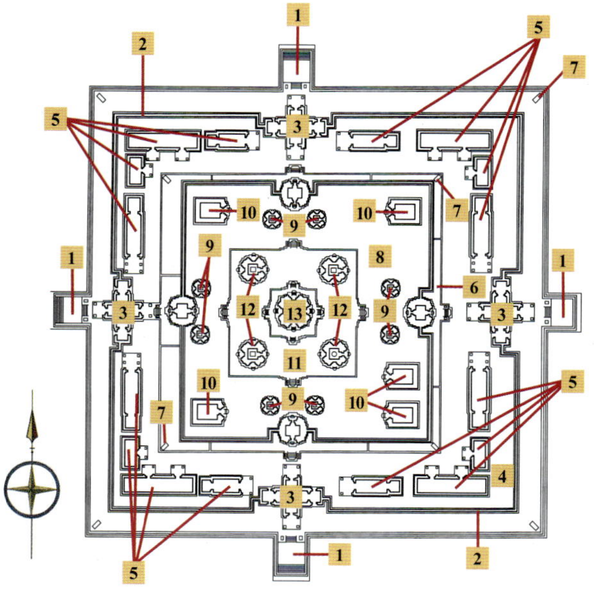

0　30米

图释

1　最底平台
2　第二圈围墙
3　塔楼
4　第一层基座
5　长厅
6　第一圈围墙
7　大象石雕
8　第二层基座
9　砖筑塔殿
10　长方形砖筑建筑
11　第三层基座
12　位于四角的塔殿
13　中央塔殿

P104：装饰假门上的浮雕细节

P104—105：东梅奔寺俯瞰图

P105上图：门楣上神明身骑大象浮雕的细节

P105下图：第一圈围墙西侧的塔楼

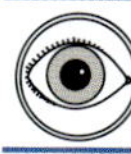

参观指南

经过东入口，沿着周边一直是一系列连续的矩形建筑，这些建筑由红土制成，用途未知。他们曾经有双山墙的木屋顶。从东侧的塔楼进入，沿着第一圈围墙的外部能看到一圈长厅，这些建筑由红土筑成，顶棚曾是双层木质三角墙屋顶，但功用尚不明确。第一圈围墙的塔楼的位置也向内缩进，只有西侧的塔楼例外，而西侧塔楼朝东的门楣十分隽美，值得一看，浮雕描述湿婆化身半人半狮的那罗希摩将恶魔希兰亚卡西普（Hiranyakashipu）撕成碎片的场景。在第二层基座上，有8座砖筑塔殿，每座塔楼的两边各有一座，每座塔殿中供奉8座的林伽，寓意8位穆谛（Murti）或是湿婆的8种化身，即地、水、火、风、空、日、月、祭祀。说起这些塔殿的门楣，就不得不提南侧的两座塔殿，位于东南方的塔殿，东侧门楣上带有一处佩戴头冠的迦楼罗浮雕；位于西南方的塔殿，同样是东侧的门楣，浮雕上身骑神象埃拉瓦塔的因陀罗置身于旋涡状的花卉修饰图案中，身边还有各式小型人物浮雕。同样在这层基座上，有五座长厅，四座分立在四角，还有一座与位于东南角的长厅毗邻。位于东北角的建筑东侧门楣上是雕刻有三只雄狮，位于其上的中楣是诵经者浮雕。

第三层基座，边长为32米，五座塔殿呈梅花式分布（中央塔殿的基座略高

于其他）其上，所有塔殿都只在东侧开门，门两侧有守门神的浅浮雕。塔殿的塔身有四层，墙上的漏洞显示当时广泛使用灰泥做建筑材料，墙上的小洞就是为了捆绑灰泥而开的。东梅奔寺精美的门楣艺术值得细细观赏，中央塔殿的东侧门楣上，因陀罗骑坐神象埃拉瓦塔上，南侧门楣刻画湿婆骑坐神牛南迪，西侧门楣上，湿婆之子战神塞犍陀骑坐孔雀。东南方向的塔殿有很多精巧的细节，南侧的门楣是湿婆和南迪的浮雕；西北方向的塔殿东侧，因陀罗再次出现，他骑着象头神犍尼萨，犍尼萨骑着自己的鼻子，南侧的门楣上刻画着在雄狮身上起舞的人像以及一排诵经者。位于东北方向的塔殿，因陀罗再次成为门楣上的主角，而南侧门楣上则有两只咆哮的雄狮。

◆因陀罗三象寺◆

距离比粒寺右侧100米处，有一座小型砖筑塔殿。根据碑文记载，这座塔殿建于960年，那块雕刻着因陀罗和三头象的门楣是整座建筑的唯一装饰。

P106上图：带有三层塔顶的东南方向塔殿

P106下图：位于第二层基座四角的石象之一

P106—107：带有三层塔顶的塔殿全景图

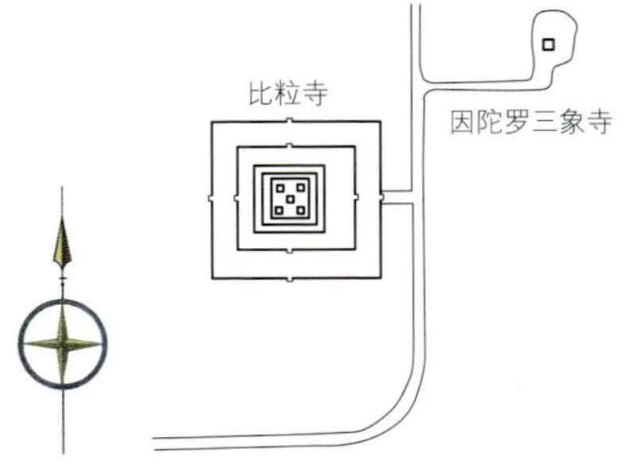

比粒寺

历史

陀罗梨摩多那最为杰出的作品，也是最为重要的寺庙山，标志着从前古典时期向古典时期的过渡。比粒寺所在的地方可能是当时的新国都，寺庙建在一座由红土垒成的山体之上，于961年完工，一说是在962年年初完工。比粒寺现在又称“变身塔”，这个名字源自庙宇中的一具石棺，石棺与一种沿用至今的殡葬仪式有关，在仪式中人的遗体被反复火化，最终烧成灰烬，撒向四周。尽管石棺上的凹槽似乎表明了上面曾经有一个盖子，一种说法却认为所谓的“石棺”更可能是湿婆坐骑南迪雕像的基座，因为比粒寺就是为供奉湿婆而建。

寺庙的基座由两层平台组成，第二层基座上有一座红土垒成的三层寺庙山，山体四周环绕多层围墙，如今只由两道围墙被保存下来。其中最外层的红土围墙宽130米、长120米，墙外由一圈护城河环抱。四个入口都由塔楼封顶，塔楼与墙体垂直方向带有两个凸起的建筑进而构成一个十字形建筑，这种建筑形式在当时非常盛行。

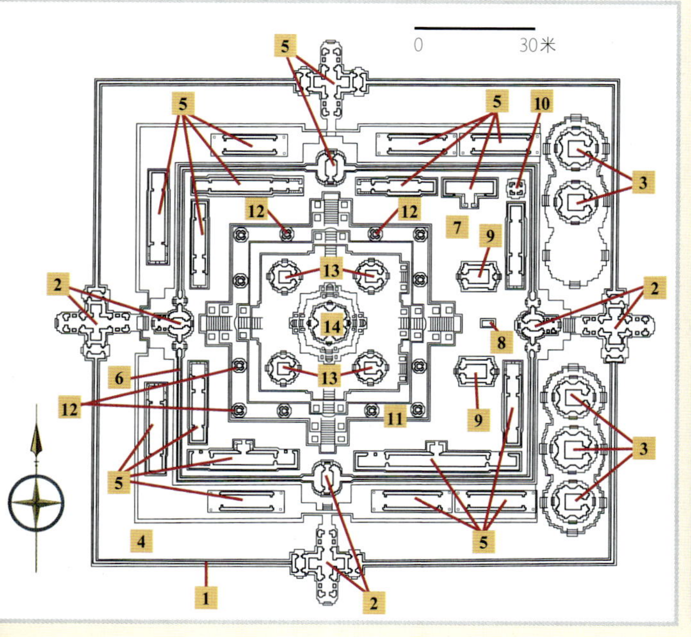

参观指南

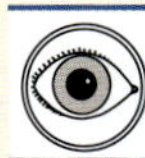

在建筑群东侧，第二道围墙和第一道围墙之间，有五座砖筑塔殿，第六座塔殿没有完工，只完成了基座部分，这些塔殿可能是在比粒寺落成后的某个时代加盖的。塔殿有美丽的立柱和精致的门楣，其中包括最南端的塔殿门楣，上面刻画着毗湿奴的化身半人半狮的那罗希摩。与五座塔殿同在一层基座上的还有位于另外三边的沿墙而立的长厅。

第一道围墙宽90米、长80米，有4个小型塔楼通道，穿过东侧的塔楼，您就会看到那个著名的石棺，四面有4根立柱，可能是用来支撑木质顶盖而立。石棺的两端，与其平行而立的是两座入

P108上图：中央塔殿中覆盖石灰涂层的立姿女神浮雕

P109上图：带有神象埃拉瓦塔浮雕的门楣细节

P109下图：比粒寺俯瞰图

图释

1 第二圈围墙
2 塔楼
3 塔殿
4 第一层基座
5 长厅
6 第一圈围墙
7 第二层基座
8 石棺
9 藏经阁
10 碑亭
11 寺庙山
12 供奉林伽的小型塔殿
13 位于平台四角的塔殿
14 中央塔殿

口朝西的藏经阁，而沿第一圈围墙而建的是9个长厅，他们都由红土筑成，过去还有木质结构的瓦片屋顶。这些建筑的功用尚不明确，后期发展为庙宇外围的长廊建筑。

围墙内的东北角有一座小巧的红土碑亭，内置一座石碑，碑亭的屋顶好像“神父的帽子”，方形底座半球穹顶，最顶端是一朵莲花，内里采用叠涩拱结构。碑亭的中央是一汪小水池，池边的小水渠将水流引向碑亭之外，柬埔寨学者认为这种碑亭的作用是用来清洗火化仪式中留下的骸骨，而前文中提到的石器实际上是石棺。碑亭旁侧位于第一圈围墙北侧的是一个长厅，它与其他长厅不同，只有唯一一个厅室，而不是三段厅室，很久以前这里存放着记录比粒寺奠基的石碑，碑文全文298行，是现存梵语碑

P110—111：可能是碑亭的建筑

P110：比粒寺全景图

P111：寺庙山最底层平台上的“石棺”

文中最长的一篇。

寺庙山有三层基座，底层基座边长为46米，顶层基座边长34米，山体高达12米。第一层基座上有12座供奉林伽的小型塔殿，每座塔殿只在东侧开设入口。第一层基座和第二层基座都是用红土建造的，第三层基座则使用了砂岩，在第三层基座的东侧有一条阶梯主路，主路的两侧各有一条阶梯，只有装饰，不作通道使用。

寺庙山顶层梅花形布局的塔殿由砖石筑成，中央塔殿伫立在两层平台上，四面具有阶梯通向塔殿，阶梯两侧各有一尊守门狮，塔殿顶部是一座五层塔顶，塔身高达17米。塔殿三侧设有装饰假门，中央圣殿入口朝东，里面曾经供奉罗耶德罗布哈德雷什瓦拉（Rajendrabhadreshvara）林伽，曾以统治者罗耶德罗布哈德雷什瓦拉命名这座庙宇，后易名为拔陀罗湿婆（Shiva Bhadreshvara）庙，拔陀罗湿婆是古老的真腊守护神。塔殿的布局依然是四角各有一座边长为6米的较小塔殿，中心是边长为8米的中央塔殿。塔殿的壁龛中有守门神的人物浮雕，浮雕上覆着一层用石灰浆制成的灰泥，作为装饰。八棱柱组成了入口的门框，柱子上有精美的花纹，砂岩制成的假门也有技艺高超的装饰。

和东梅奔一样，比粒寺似乎也有双重功用，建筑特点上来说，这是一座寺庙山，供奉着国君的林伽，而位于四角的塔殿更强调其供奉祖先的功能。毫无疑问的是，罗贞陀罗跋摩二世曾想把这里改造成他的陵寝。也许自那时起，就变成了神王提婆罗阇之庙，因为在位的君王都自称是神王在人间的化身，而一旦君王离世，这里就成了神王的陵墓。

第二章
伟大的雕刻作品

章节导读

高棉建筑师用超凡的绝美手法复现印度庙宇的形态，于是有了女王宫、托玛侬神庙、周萨神庙，它们中的纵向庙宇可以分为三个部分，即门廊、信徒、内殿。在建造女王宫时，高棉建筑师的装饰才能达到了巅峰，他们喜好搭建小巧的建筑，使用特殊种类的砂岩，并极尽所能地用精美的浮雕装饰建筑的每个角落，当时的楣饰工艺更是达到了无与伦比的艺术高度。出了女王宫，走上一小段路，就可进入丛林去寻找被铭刻在河床上的神圣形象，由此可见高棉人对于自然的崇敬。与女王宫绝美的浮雕形成鲜明对比的是茶胶寺光秃的墙面，茶胶寺是一座尚未完工的寺庙，位于高耸陡峭的寺庙山上，彰显吴哥庙宇恢宏的建筑框架，可见建造者的气魄与雄心。遗憾的是当时民用建筑几乎全被销毁，无一留存，唯一保留下来的就是石桥。小巧的纵向庙宇与气势恢宏的寺庙山完

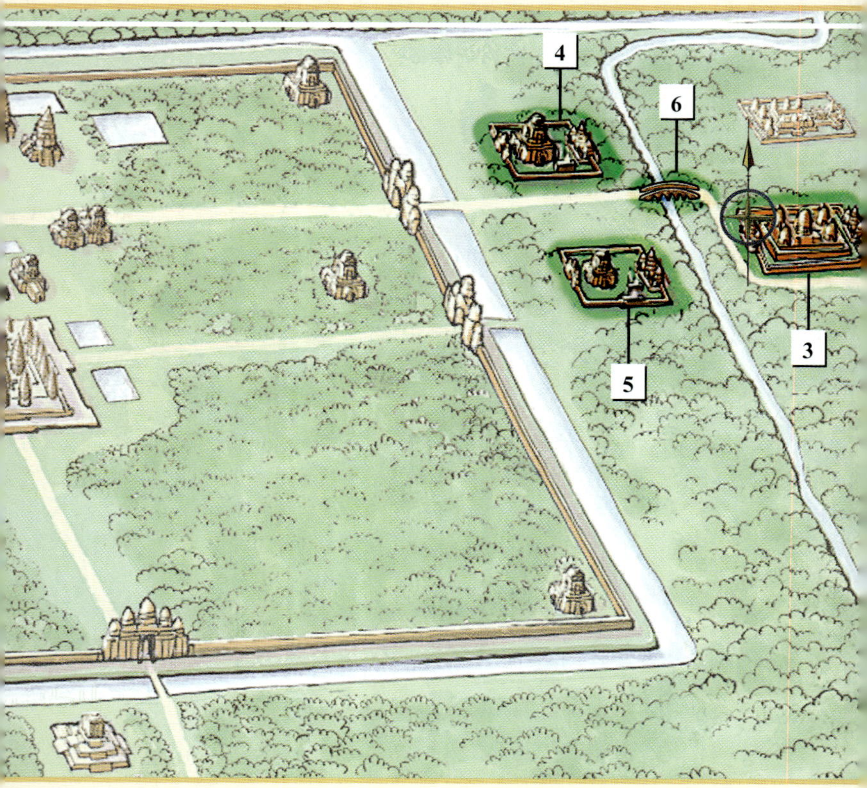

美融合，欣赏了二者带给我们的和谐之美后，我们来到几乎被丛林吞噬的塔布隆寺，体验它的独特魅力，这是一座名副其实的神圣城堡，看到它的第一眼，就会激起你内心兴奋的火苗。

P113：女王宫主塔殿壁龛中的守门天

2

女王宫

历史

女王宫坐落于东池东北方向20千米处，从东梅奔南侧出发，步行300米，在普洛达克村（Pradak）左转后行走18千米遇到岔路左转即可到达。到达女王宫附近的村庄后，步行300米经过暹粒河，女王宫就会出现在您的左侧。女王宫是吴哥遗址中最早（1931年）被修复的庙宇，因此也是目前保存最好的庙宇。

这座小巧而精美的庙宇梵天并非由君王修建，而是由两位婆罗门耶若婆罗诃（Yajnavaraha）和他的弟弟毗湿奴库玛（Vishnukumara）所建，兄弟二人是当时的伊奢那城的富有的地主。寺庙的壁龛中那些体态婀娜身姿丰盈的女神雕刻令人神往，因此当地人又将女王宫叫作“女人的城堡”（音译为班蒂斯蕾）。

该建筑群于967年完工：从最东端的入口亭到第三围墙的西端亭，总长度超过200米。建筑群于967年完工，按照从东侧最外沿的入口廊厅到西侧第三层围墙的廊亭距离计算，建筑群总长度超过200米。记录建筑竣工的碑文（立于968年）记载了庙宇的修建人，尤其是耶若婆罗诃的信息，将他描述成一位极富文化修养的美学家，在他的委任下修建了这座完全遵循印度建筑传统的水平庙宇。

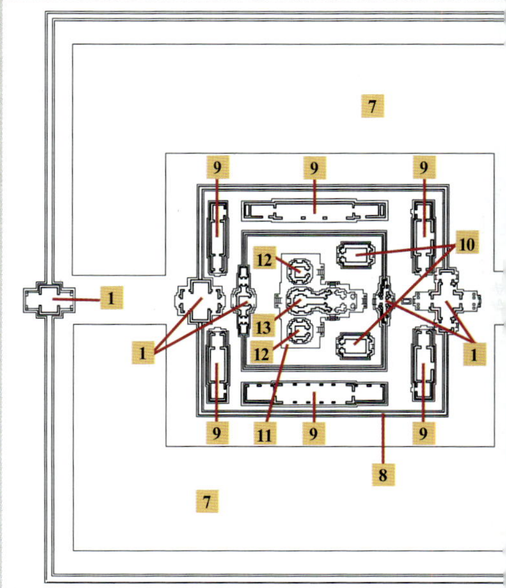

图释

1 塔楼
2 朝圣之路
3 门廊
4 亭子
5 与主路垂直的亭子
6 第三道围墙
7 水池
8 第二道围墙
9 长厅
10 藏经阁
11 平台
12 位于塔殿塔殿两侧的塔殿
13 中央塔殿

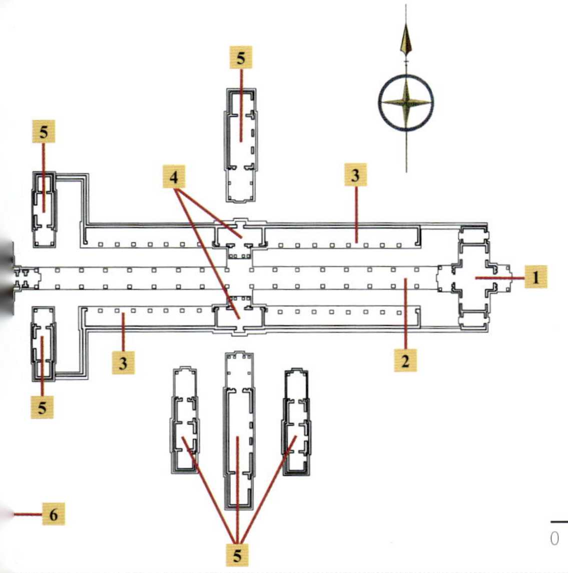

P116上图：南藏经阁的三角门楣

P116下图：神象埃拉瓦塔浮雕，多头象埃拉瓦塔是因陀罗的坐骑

P117上图：第二个围墙顶部的塔楼

P117下图：门框装饰有花卉和树神

0 30米

参观指南

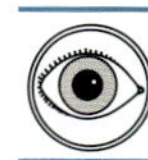

女王宫有三层同心围墙，最外层围墙的东侧有一条67米长的引道，经过引道后通过一座十字塔楼进入第一圈围墙，塔楼南北方向各有一个廊厅，东西方向有两个短小的通道，设有高高的门槛。尚未找到第四层围墙存在的踪迹，一些学者认为应该存在另一道围墙，与长方形亭子连接组成了第四层围墙，另一派学者认为这些亭子只是神殿的入口的一种形式而已。

主路两侧设有拱廊，主路的两旁各铺一条辅路，辅路上立着小柱子。主路上拱廊的墙体由红土筑成，朝外的一侧是封闭的，朝向路面的一侧由有四楞砂岩柱支撑。拱廊的顶棚层覆盖着瓦片，在拱廊近乎中间点的位置有一座亭子将其一分为二，亭子开两扇窗，面向主路的一侧是廊厅，对侧则设有一个朝外的出口。在北侧（您的右侧），与亭子垂直而立的是一座长厅，内含一个廊厅，开着两扇窗的内殿，带有化身为那罗希摩的毗湿奴浮雕的门楣，那罗希摩将恶魔希兰亚卡西普打得开膛破肚；南侧对应的同一位置有三座相似的建筑，中间的一座大于两边的两座，但位于两边的两座房间更多。位于中间的建筑门楣上有湿婆及其配偶乌玛骑坐在神牛南迪身上的浮雕。沿着主路继续向前，眼前是一个大型寺院的入口，沿着入口的围墙，与主路垂直的是两个长厅，建筑内被分为三个结构。

罗陀（Viradha）试图诱拐悉多的场景。第二层围墙依然用红土筑成，它环绕着整个主体庙宇而建，长42米、宽38米，穿过又一座同结构的塔楼就进入围墙内，塔楼前后各有一个廊厅连通围墙

内外，左右两边是两个侧殿，侧殿也设有入口。门楣上方的山墙雕饰十分绚丽，两端带有旋涡图案，更显优雅别致。门楣上刻画着两头大象守护下的拉克希米浮雕，值得驻足观赏。穿过塔楼就看到被毁坏的神牛南迪雕像。塔楼西侧的砖筑架构遭到破坏，只剩残破的废墟。第二层围墙内有六座长厅，每个都包含了三个内殿，内殿的屋顶是瓦片覆盖的木质结构。

第一层围墙是一个边长24米的方形，围墙由砖块筑成，但如今几乎看不到砖块的存在，东侧入口的亭子由砂岩筑成，呈阶梯结构，轴线通道的屋顶是叠涩拱结构，亭子两侧的两间房间在这样的拱顶结构下屋顶渐渐变低，房间的空间被大大所建以至于失去了实际功用。因为采用了叠涩拱结构，塔楼非常窄小，同时也因为非王家建筑，在体量上本身就所有限制。塔楼东侧的门楣上刻画着

P118上图：第二层围墙内含三部分的长厅上的门楣

P118下图：人工水池与第二层围墙的入口通道

P119上图：位于南侧的“藏经阁”与第一层围墙的塔楼

P119下图：通往主路的塔楼

湿婆的化身——舞王那吒罗阇[①]，而西侧的门楣浮雕是湿婆的配偶化身为凶悍的杜尔迦骑着狮子战胜了恶魔玛希哈。

第一层围墙西侧的塔楼结构特殊，只有唯一入口，所以它更像是一座圣殿，而非作为出入通道的塔楼。

第一层围墙内的东南角和东北角各有一座藏经阁，藏经阁由砂岩筑成，填充了一些红土材料，顶部采用石块垒成的叠涩拱结构，屋顶山有三个阁楼形状的结构，上下两层屋檐之间的墙上开一扇窗，顶端呈弧筒形穹顶状。三重门楣仿佛一片片叶子，一片叠着一片，越垒

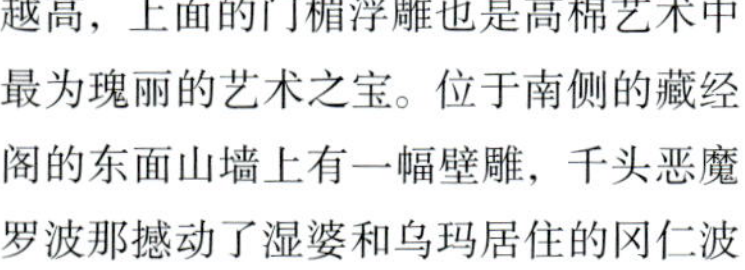

越高，上面的门楣浮雕也是高棉艺术中最为瑰丽的艺术之宝。位于南侧的藏经阁的东面山墙上有一幅壁雕，千头恶魔罗波那撼动了湿婆和乌玛居住的冈仁波齐峰，而西面的山墙上则刻画着爱神迦摩向湿婆箭的场景，此时的湿婆陷入了沉思，看到了自己心驰神往的配偶乌玛。而位于北侧的藏经阁东面的门楣上刻画的场景颇具争议，上面的人物无疑是天神因陀罗，他骑坐在神象埃拉瓦塔身上，这是门楣中心偏上的画面，两道斜线勾画出的部分引发了学者们的争论，一些学者认为斜线代表雨水，另一些则坚持斜线代表箭。门楣上刻画着身处森林中央的克里希那和他的兄弟巴拉茹阿玛（Balarama），他们右侧是驾着马车的毗湿奴，左侧是罗摩，抑或是阿诸那（Arjuna）。西面的门楣上刻画着克里希那要杀死舅舅康萨（Kamsa）的场面。完整的叙事场景，灵动的故事画面，生动的情绪表达，这些元素令专家们猜测这些作品的灵感源自更早阶段的木雕门楣，当时的工匠在木头上刻画浮雕，后续再覆以颜料，只是这些木质的艺术品

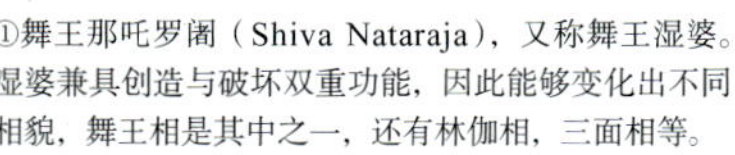

①舞王那吒罗阇（Shiva Nataraja），又称舞王湿婆。湿婆兼具创造与破坏双重功能，因此能够变化出不同相貌，舞王相是其中之一，还有林伽相，三面相等。

P120上图：位于台阶上的寺庙的保护神夜叉雕像

P120左下图：位于南侧的藏经阁南端

P120右下图：第一层围墙的塔楼，第一层围墙已被毁坏

P121：中央塔殿南侧的曼达波

没能被保存下来。

寺庙由三座坐落在一座T形平台上的塔殿组成，通向塔殿的阶梯两侧有高高的扶壁，腹壁有跪立姿态的守门雕像，以及站立姿态的狮面或猴面或精灵面孔的雕像，这些雕像如今都藏于金边国家博物馆。通过中央塔殿的门廊进入曼达波，曼达波是一个带有砖顶的前厅，它连接着位于塔殿中心的圣所，相当于进入正殿前的玄关，圣殿的平面图呈锯齿状，三面设有假门，只有一面设置入口。中央塔殿用来供奉三重世界的主

宰（Tribhuvanamaheshvara），一说是用来供奉三相世界中的王者湿婆，位于其两侧的两座塔殿构造更为简单，一面设置出口，另外三面是假门，北侧的那座塔殿供奉毗湿奴，南侧的那座供奉湿婆。

如前文所说，女王宫的庙宇造型小巧，中央塔殿高度不足10米，里面的圣殿步道宽度为2米，入口的高度只约有1米，进入时必须低头弯腰。两侧的塔殿也只是略高于8米。三座塔殿的塔顶都有四层，并随着高度的升高逐层缩小，塔身的四面完全一致，塔顶是一朵莲花和一个水瓶，塔顶四角均有塔身形状的瓦檐饰做装点。拱形门楣的形状是从捻角羚犄角的形状或马蹄形状演化而来的，这是一种印度建筑中惯用的拱形图案，四层门楣重重叠加，以圆拱结构连接在一起。

拱形门楣和三角楣是女王宫建筑群中最抢眼的建筑元素。门楣分为三种类型：一种是顶端带有精美装饰的三角楣，这类门楣上延展着旋涡图案，门楣中心处通常有美丽的花纹雕饰；第二种是叶状门楣，叶状门楣的外轮廓十分精美，由三重门楣叠加而成，上面通常有神话场景的浮雕；拱形门楣是由马蹄形拱门（kudu）发展而来的。

三角楣和早期的木质建筑有关，通常用在木质建筑或是贴着瓦片的建筑

P122—123：门楣的细节，位于两个摩伽罗之间的伽罗

P122中图：与引道垂直而立的北侧石亭

P122下图：层叠而立的叶状门楣细节图，位于南藏经阁的东侧门楣

P123：南藏经阁的东侧门楣上刻画着罗波那撼动冈仁波齐峰的场景

上。叶片状门楣的屋顶是由砖石和砂岩筑成的，特别是在主建筑的附带建筑上常见这类门楣，而马蹄形拱门门楣只在圣殿建筑上使用。

上述的三种门楣都可以在女王宫中找到，以门楣一角的装饰为例，最为常见的是三头蛇神那伽从狮子的下颚中出现或是从手持长棍的摩伽罗身体中出现。展翅高飞的神鸟迦楼罗也常被用来作为檐角的装饰元素。

三座塔殿的外墙都镌刻着精美绝伦的花纹装饰，花卉的图样沿着墙面延展开来，好似一张锦绣的挂毯，壁龛的边框也经过精心装饰，两根细细的壁柱上冠以绚丽的拱顶，两只精灵从尖顶飞过。年轻的守门者和守门天衣着和发型都十分古典，脸上露出神秘的微笑，仿佛陷入无尽的沉思中。门楣上常会出现有股拱形花饰，被位于正中的人物连接在一起。护世者（Lokapala）是整个宇宙的守护天王，出现在门楣最显眼的位置。财神俱毗罗（Kubera）朝向北方，骑着神象埃拉瓦塔的因陀罗朝向东方，骑着水牛的死神阎魔朝向南方，骑着圣鹅的

P124上图：门楣上的浮雕，骑坐神象埃拉瓦塔的因陀罗

P125上图：门楣上的浮雕，位于中间的迦楼罗

P125中图：位于北侧的藏经阁东面门楣的细节

P125下图：第二层围墙西侧塔楼东面的浮雕，描述猴王须羯哩婆和婆黎决斗的场面

伐楼拿朝向西方。在众多精美的作品中处处体现着动人的现实主义和悲悯之情，例如第二层围墙西侧塔楼东面的浮雕，描述猴王须羯哩婆（Sugriva）和婆黎决斗的场面，最终以婆黎的死告终。

柱子的运用，营造立体效果的技巧，高品质砂岩在光照下所散发出的

红色的温暖色调，以及建筑中无处不在精心装饰，使得女王宫成为高棉艺术中的伟大作品。

耶若婆罗诃拥有王室血统，是曷利沙跋摩一世的孙子，后来成为罗贞陀罗跋摩二世的国师，也是罗贞陀罗跋摩二世之子阇耶跋摩五世的老师，阇耶跋摩五世称其为最杰出的精神导师。耶若婆罗诃的家族的历史可以追溯到他的先祖婆罗门契瓦卡伊瓦耶（Shivakaivalya），他受阇耶跋摩二世之命，于802年在荔枝山上主持了那场盛大的登基仪式，契瓦卡伊瓦耶和他的后人都担任了神王登基大典的主持，同时也是在位君王和继承人的古鲁（guru）以及帝师。

关于神王登基大典和高棉文化中神权崇拜的猜测很多，对此学者们还存在争议，还没有统一说法。遗憾的是高棉的碑文中没有关于阇耶跋摩二世的记载，目前我们得到的有关他的信息都源自位于泰国的大萨多廓寺（Sdok Kak Thom）的碑文，这座寺庙修建于1052年，距离诗梳风（班迭棉吉省省会）25千米。碑文中有这样一句记录“Kamrateng jagat ta raja”，最新研究认为“Kamrateng jagat ta raja”指代当地的高棉神明，结合碑文的语境推测，应该是一位在当地的守护神，这种崇拜与古代出现在中南半岛地区的祖先崇拜有关。“Kamrateng jagat ta raja”在高棉语中意为“宇宙之神即为君王”，在梵文中的表达就是神王提婆罗阇。此外，上面提到的碑文中还有这样的记载，在典礼中，象征湿婆的阳具形态的石雕——林伽会由湿婆亲手交到君王手中，象征着将神权赋予君王。由此标志着神权崇拜的建立，一些学者认为这是将王权神化的象征。尽管绝大多数的庙宇都供奉着象征至高无上天神的湿婆，或是由此衍生的神王，但是也有例外，最有名的要数供奉着毗湿奴的吴哥窟。

P126左图：门楣浮雕上的飞天的神明

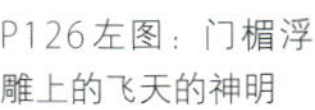

P126右图：塔殿外墙上的花纹雕饰

P127：中心殿塔西墙的带有立姿女神雕像的壁龛

2

高布斯滨

参观指南

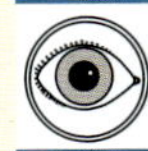

如果您途经女王宫去往高布斯滨，当您到达的时候眼前通往停车区的路就是通往景点的路。在坡路上行走20分钟左右就来到了暹粒河的支流，走到河岸上能在四周的石块中和湍急的河水中看到此旅的第一批雕塑。这片土地曾是古代隐士的隐居之所，优陀耶迭多跋摩二世在位期间，他们四处破坏神明雕像以及一切象征神明的符号。迷人的雕像之一描绘这样一个场景，花瓣环绕的毗湿奴倚靠在蛇神阿难陀（Ananta）身上，毗湿奴的肚脐出现一朵莲花，莲花上坐

P128上图：盘坐在莲花之上的四面佛梵天

P128—129长图左部，毗湿奴与其肚脐上出现的莲花，以及盘坐在莲花上的梵天

P128—129长图中部，位于毗湿奴面前的林伽

P128—129长图右部，骑坐在神牛南迪身上的湿婆和乌玛

着世界起源时的四面佛梵天。他们身旁是骑坐在神牛南迪身上的湿婆和乌玛。在这幅浮雕前有很多林伽石雕浸没在河水中。这个景点令人回味无穷，当你在森林中穿行的时候，只要的你的双眼追寻着阳光，你就会发现更多信仰的痕迹，他们是如此的虔诚，以至于如此人迹罕至之处还能觅见他们的踪迹。

P128左下图：以曼陀罗形式排列的中央林伽，以及环绕在它四周的8根林伽

P128右下图：由摩伽罗的浅浮雕改造成的鳄鱼浮雕

P129：上图，从河水中浮现出的神明雕刻；下图，浮雕中三位正在沐浴的神明

茶胶寺

历史

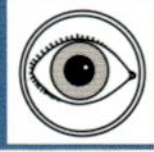

到达茶胶寺最直接的路就是穿过吴哥王城，从胜利门出去经过托玛依神庙，前行530米左右。阇耶跋摩五世在东池的西侧建立了新都阇因陀罗那伽梨，意为众王之都，寺庙山位于都城中心。寺庙山从985年开始修建，阇耶毗罗跋摩（Jayaviravarman）继位后继续修建，也许是因为中途苏利耶跋摩一世夺取了阇耶毗罗跋摩的王位，工程自此搁置一直没有完工。这座方形金字塔内部用红土堆砌，外层采用砂岩材料，高达45米，在尚未完成的建筑中好似一个巨石阵，使得茶胶寺成为同类景点中最具魅力的一处。

参观指南

即使您到了茶胶寺的南侧入口，也建议您从右侧绕路到建筑的东侧进入，因为东侧的阶梯坡度较缓，虽然也是55度的陡坡，但其他几面的阶梯更为陡峭。在东侧的入口处尚存引道的遗迹，引道两侧排列着小石柱。庙宇坐落在三层寺庙山上，五座塔殿的布局呈梅花形，寺庙山下有两层基座，基座外围有回廊环绕。寺庙山的最底层基座有一圈长122米、宽106米的围墙环绕，围墙四面设有塔楼，主塔楼位于东侧；围墙内平行于墙体而立的是两座长厅，建筑的一侧设有门厅，曾经的屋顶是木质结构上覆以瓦片。

P130上图：梅花形布局中的中央塔殿

P130—131：茶胶寺建筑群的空中鸟瞰图

P131上图：站在寺庙山东侧阶梯上俯瞰到的塔楼，第二层基座的长廊景观

图释

1 围墙
2 塔楼
3 第一层基座
4 长厅
5 回廊
6 第二层基座
7 藏经阁
8 寺庙山
9 位于四角的塔殿
10 中央塔殿

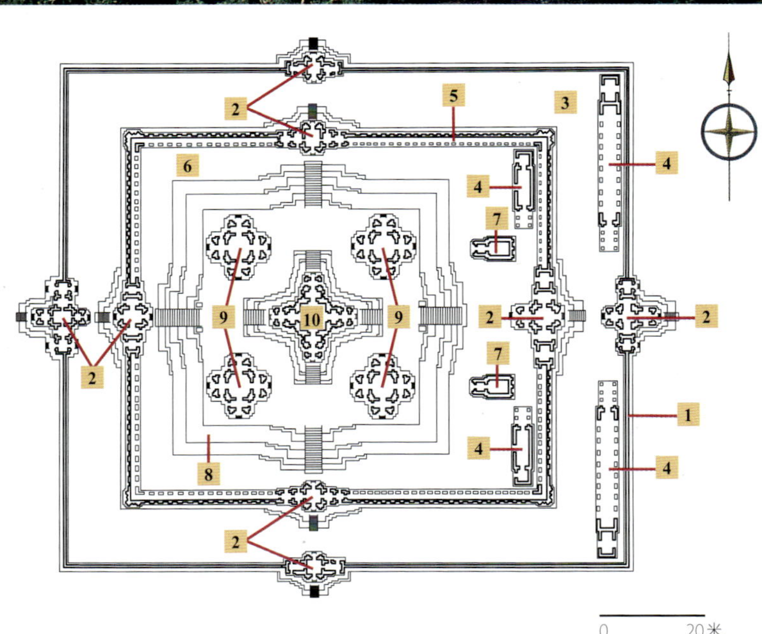
2
5
3
6
4
4
7
9
10
9
2
2
2
7
1
4
8
4
2
0
20米

第二层基座高达5.73米，这里出现了一个新的建筑元素，就是一个长80米、宽75米的回廊，回廊的顶端是叠涩拱结构的砖顶，回廊外侧设有盲窗，内侧设通透的窗子，两侧窗子都有栏杆。塔楼成了回廊建筑的一部分，在回廊的四角出现了塔形建筑。回廊是由前期的长厅发展而成的，因此回廊也没有封闭的门，回廊中的“门”只有象征意义，没有实质的隔离功能。回廊的围墙内有两个长厅平行东墙而立，另有两座藏经阁分别立在引道两侧；为了给上述建筑提供空间，基座向东侧延伸了一段。藏经阁的结构在后来的建筑中被广泛使

用，十分盛行，藏经阁内部只有一座主殿，但其外部采用了两个半叠涩拱夹一个完整叠涩拱的结构，使得整座建筑看起来好似有三条通道或三个内厅。

向寺庙山的西侧探寻，寺庙山有三层砂岩筑成的基座，基座近似正方形，底层基座长60米、宽58米，顶层基座长46米、宽45米。五座塔殿以梅花形分布在顶层基座上，塔殿完全由杂砂岩一种材料筑成，这是长石和极度坚硬的石英砂岩的一种。位于四角的四座塔殿都呈十字形，塔殿中央是一间内殿，四面通向四个门厅，塔顶有三层，最高处有一个塔冠，殿塔高达17米。中央塔殿位于一个6米高的十字形平台上，在内殿和四个门厅之间有四个前厅，每个前厅的角落中均设有装饰假门。

碑文中将茶胶寺建筑群称为“Hemashringagiri”，意为“金顶山”，可能以此指代神化中须弥山的五座山峰。

P132—133：庙宇建筑群的东南角

P132下图：在寺庙山东侧的阶梯上俯瞰塔楼和第二层基座上的回廊

P133上图：位于东北角的藏经阁，以及角落中的长厅

P133中图：第二层基座上的回廊，以及第一层基座的围墙

P133下图：呈梅花式排列的塔殿中位于东北角的塔殿

2

托玛侬神庙

参观指南

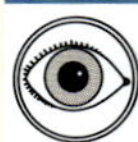

从吴哥王城的胜利门出来前行500米左右就能看到托玛侬神庙。尽管可以确定建筑风格属于11世纪晚期到12世纪早期的托玛侬神庙风格，而那段时间正是陀罗尼因陀罗跋摩一世或苏利耶跋摩二世在位的时候，然而不论是修建者的名字，还是建造时间、建筑功用，这些都还存在争议。庙宇规模很小却极度优雅，已在20世纪60年代得到了修复，采用的是原物归位法。

原长46米、宽40米的红土筑成的围墙几近损毁。到达建筑群的南侧后，转向右绕过围墙来到东侧塔楼，到达塔楼前还要登上一层基座。入口的塔楼是一个宏伟的十字形建筑，两翼与围墙相连，入口的对侧设有门厅通向庙宇。庙宇的塔顶逐级缩小，因为塔顶分为多层，由下至上逐级缩小，庙宇的中心圣殿屋顶采用叠涩拱结构。

图释

1 基座
2 塔楼
3 围墙
4 藏经阁
5 门厅
6 信徒们活动的亭子
7 前厅
8 塔殿

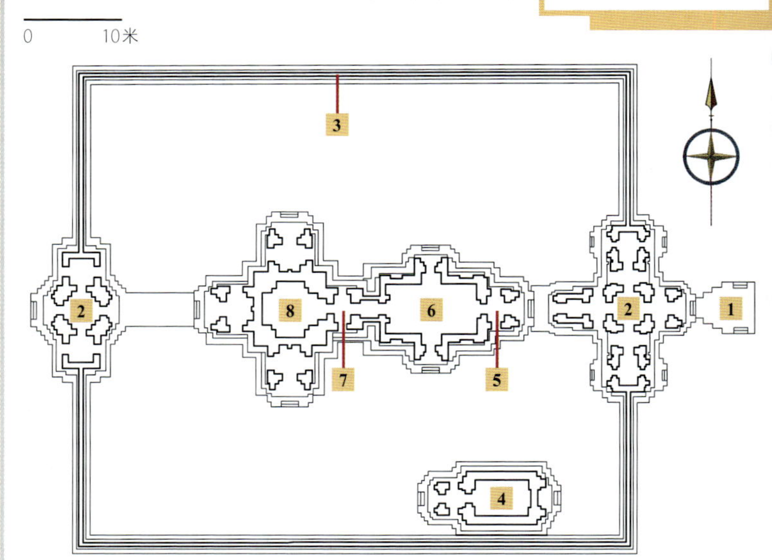

西侧的塔楼体型上更小，结构也更为简单，但是门楣上却刻画着各种神话场景，其中一块门楣上刻画着湿婆的化身大瑜伽行者（Shiva Mahayogin）的形象，又称“大苦行者”。而位于东南角的藏经阁更为别致，藏经阁是一座长厅，西侧设有小型门厅，东侧设有假门：入口处的门楣上刻画着翻搅乳海的场面，众神位于画面右侧，恶魔们在左侧，出现在莲花花苞中的柱子上的 毗湿奴位于画面中间，伴其左右的是分别代表太阳和月亮的圆盘；建筑另一侧的门楣上则刻画着史诗《罗摩衍那》中的主人公悉多、罗摩、罗什曼那在森林中的场景。

塔殿位于高高的平台之上，塔殿三面均设有门廊，门廊中有精美的假门，而东侧的门廊通向圣殿，圣殿又与信徒们活动的亭子西侧的门廊相连。亭子东侧入口处的门厅几乎与东侧塔楼向西凸出的部分相连。塔殿的塔顶有四层，亭子的石质外拱顶是仿瓦片纹路而造。墙面上的雕刻装饰满是花卉图案，绚丽而精美，壁龛中的立姿女神在精致的树木背景中脸上泛着淡淡的笑容。塔殿内部的花格平顶天花板经过修缮，已经基本恢复原有样貌。建筑内部的门楣十分夺目，特别是塔殿东侧入口处那块门楣，上面刻画着骑坐着迦楼罗的毗湿奴。

P134 上图：塔殿中圣殿南侧门厅上的立姿女神

P135 上图：托玛侬神庙南侧景观图中从右到左分别是门厅，信徒们活动的亭子，前厅以及塔殿中的圣殿

P135 下图：壁龛中的立姿女神浮雕细节

2 周萨神庙

参观指南

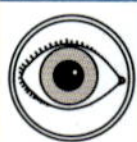

途经吴哥王城，从胜利门出来后前行约500米后，在您右手边的就是周萨神庙，它的对侧就是托玛依神庙。周萨神庙由苏利耶跋摩二世修建，一说是由他的一位重臣修建。过去暹粒河流经神庙，于是人们在河上架起一条宽阔的引道，通向十字形平台，而平台的另一端连接着塔庙的东侧塔楼，这样从暹粒河上可以直接前往神庙。

神殿四周曾环绕一层长42米、宽33米的围墙，如今围墙已不复存在，只有红土平台被保留下来四座塔楼中，东侧的那座最为壮观，塔楼在南北方形有五个独立空间，东西两侧各有一个入口。

图释

1 平台
2 塔楼
3 围墙
4 藏经阁
5 被桩子架高的引道
6 门厅
7 信徒们活动的石亭
8 门廊-前厅
9 塔殿

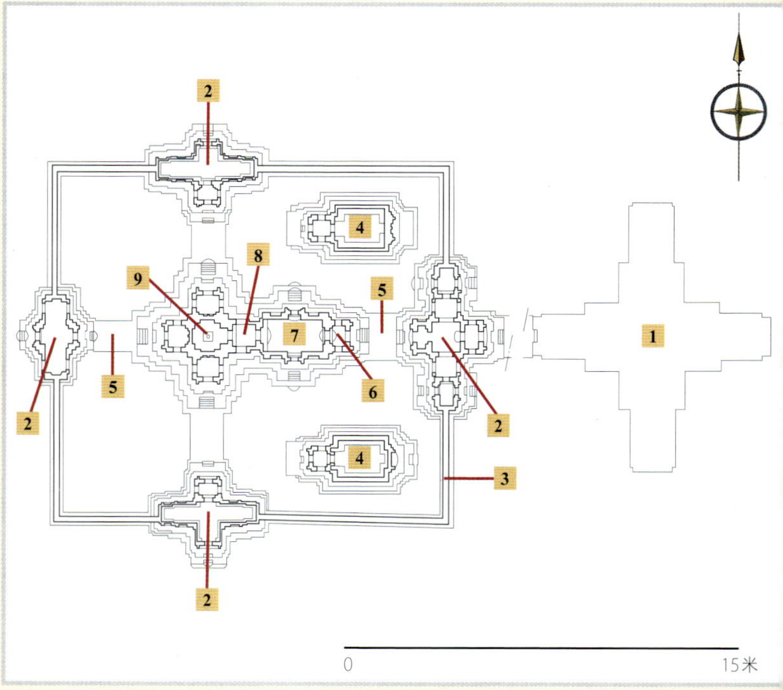

0 15米

门楣的浮雕上刻画着史诗《罗摩衍那》中的情景，其中位于南侧的塔楼的门楣上刻画着猴王须羯哩婆和篡位者婆黎之间的一场搏斗，这块门楣非常值得关注。

引路两侧各有一座藏经阁，藏经阁西侧有入口门厅，引道由柱子架高通向庙宇，庙宇包含两大印度神殿的元素，曼达波以及内殿。经过一个门厅后进入曼达波，曼达波南北两侧也分别设有入口，可以通过入口下方的阶梯进入曼达波；曼达波西侧的门厅通向过厅，是一个连接塔殿和曼达波的门厅-走廊。塔殿只有东侧唯一一个入口，另外三面均设有假门，假门前方是带有开窗的门厅。

目前周萨神庙还在修复中，只有部分景观对游客开放。

◆ 石桥 ◆

“石桥”位于从吴哥王城胜利门通往茶胶寺的那条路左侧，它穿过河道已经向右偏移的暹粒河。“石桥”这个名字，是它在现代高棉语中的含义，它坐落于由胜利门通向茶胶寺的道路的左侧，桥身横跨暹粒河，如今桥身已向右偏移。建造石桥的材料源自15世纪到16世纪庙宇的建筑材料，桥体下面有石质的桥墩支撑，桥墩是由石块垒成的狭小的叠涩拱。

P136—137上图：东侧塔楼的东面

P137下图：石桥的跨

2 塔布隆寺

历史

塔布隆寺被誉为先祖梵天的神殿，这座因此被人们熟知的庙宇位于东池西南角的南面。1186年，阇耶跋摩七世（Jayavarman VII）为纪念母亲修建了塔布隆寺，其母被奉为般若佛母（Prajnaparamita），即众佛之母，智慧女神。塔布隆寺被遗弃在丛林深处，两棵大树用蜿蜒的枝干缠绕捆绑着建筑，一棵是木棉树，一棵是菩提树。今日这座庙宇带给游客的震撼一如昔日它给到达吴哥的首批探险家们留下的震撼。庙宇的修饰风格是典型的巴戎寺时期的风格。

现存于吴哥文物保护博物馆的碑文记录了当时建筑群的庞大规模，在阇耶跋摩七世在位时期，人们将塔布隆寺建筑群视为“王家寺庙”（rajavihara）。曾经有12,640多人生活在围墙之内，庙宇中的工作人员包含18位祭司、2740位司仪、2232名侍者，侍者中有615位是女性舞者。周边的3140座村庄维系着庙宇的日常运转，其中有79,365名村民参与到塔布隆寺的日常供应中来。塔布隆寺曾经藏宝无数，包括超过500千克的黄金圆盘、35枚钻石、40,620颗珍珠、4,540颗宝石、876块中国面纱、512个丝绸垫料以及523把阳伞。

最初塔布隆寺建在一片60公顷的居住区中，整个建筑群占地面积1公顷，建筑四周环绕着一圈长1000米、宽600米的红土围墙。结构极为复杂，根据考古学者菲利普·斯特恩的记录，共有39座塔殿、566座石质房屋、288座砖石建筑，除阇耶跋摩母亲的雕像外，里面还供奉着其他260座神像。

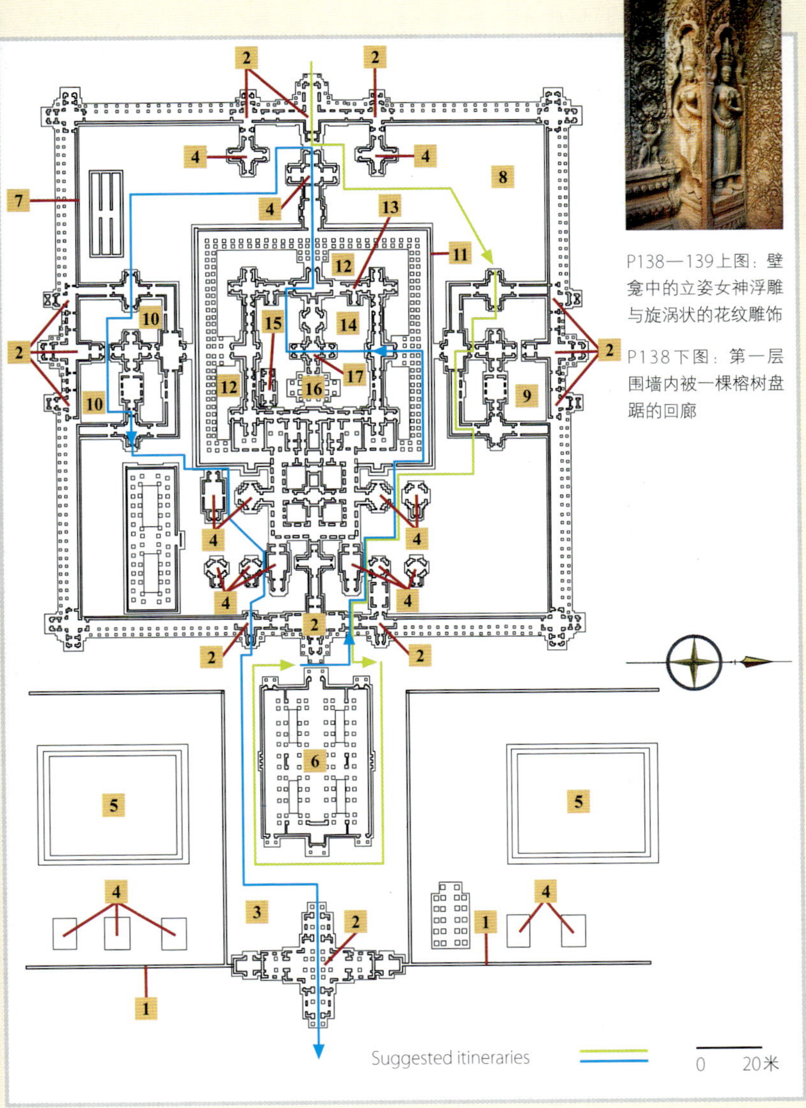

P138—139上图：壁龛中的立姿女神浮雕与旋涡状的花纹雕饰

P138下图：第一层围墙内被一棵榕树盘踞的回廊

图释

1 第四层围墙
2 塔楼
3 第一层围墙内院
4 塔殿
5 水池
6 舞者之厅
7 第三层围墙
8 第三层围墙的内院
9 北建筑群
10 南建筑群
11 第二层围墙
12 第二层围墙内院
13 第一层围墙
14 第一层围墙内院
15 藏经阁
16 多柱大厅
17 中央塔殿

参观指南

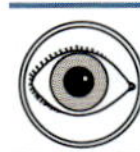

为了更加全面地游览塔布隆寺，建议您采用西进东出的游览路线，别忘了提前约好司机在东门等候。

西侧的塔楼顶端是观世音菩萨的四面头像，穿过塔楼后您的面前是一条350米长的林间小路，沿着小路向前来到十字平台，平台建在护城河上，经过平台来到第四层围墙的入口，这层围墙是一圈长220米、宽200米的红土围墙。进入围墙后，眼前是一条砂岩铺成的引道，沿着引道向前就来到第三层围墙，这层围墙长111米、宽107米，墙体是封闭的，但墙外有两层柱廊，围墙的四角均有碑亭，东西南北每一边设有三座十字形塔楼。树木在建筑上盘根错节，令这些古老的建筑岌岌可危。

进入第三层围墙后，可以看到第二层围墙的外侧，第二层围墙是边长50米的正方形，围墙的内里有两层柱廊，这就踏上木板搭成的阶梯，沿着阶梯向前走出第三层围墙。

出了围墙后您眼前的砂岩建筑是舞者之厅，建筑的墙体上设有假门和四棱壁柱，上面的镶板上雕刻着翩翩起舞的飞天女神。入口十分隐蔽，只有细心寻找才能发现，圣剑寺的入口采用了相似的结构，却更容易找到。转到石亭的左侧，就来到了第四层围墙的东侧塔楼，不要就此出去，保持塔楼位于您的左手边，继续前行就能看到描绘佛陀生平场景的壁雕，遗憾的是阇耶跋摩七世离世后婆罗门教复兴，壁雕遭到破坏。继续绕着舞者之厅走，就走到了初到这座建筑的位置，在刚刚您从柱廊走出的位置进入柱廊，但这次不是绕着建筑外部走，而是从红土围墙的第一道门进入，穿过暗不透光的柱廊，一直走到第一层围墙的北侧塔楼，穿过塔楼进入第一层围墙

时向左转，经过第二层围墙外侧的西北角就来到了北建筑群，这些建筑是为阇耶跋摩七世的古鲁阇耶曼伽拉卡迪瓦（Jayamangalarthadeva）而建。中央塔殿上有精美的门楣，绕路进入北建筑群后保持在右侧区域行走，进入南侧的入口门亭后，直接左转进入柱廊，沿着柱廊前行，找到出口后再次来到第三层围墙的内院。进入内院后经过几座小型塔殿，

P140：第五层围墙的东侧塔楼

P140下图：第四层围墙的所在的平台与东侧塔楼

P141左图：第三层围墙内的塔殿

P141右图：木棉树正侵蚀着柱廊

的内院，内院是一个边长为30米的正方形，围墙的四角各有一个宝塔，每一边设一座塔楼作为入口，内院中有一处被

树木粗大的根部盘踞的柱廊。

出现在您面前的是一座十字形的塔殿，规模很小，塔殿前方连接一个多柱大厅，但大厅不对游客开放，大厅廊侧曾经有两座藏经阁，藏经阁遭到破坏，如今只能看到残垣断壁。中央塔殿通过一个短小的走廊与第一层围墙的西翼连通，这圈回廊也不对游客开放。从中央塔殿的北侧入口进入内殿，现在的内殿没有什么装饰，显得十分质朴，但在当时内殿可能由镀金的灰泥粉刷，也可能用金属板做修饰，墙上留下的小洞让我们对这些猜测有迹可循。穿过内殿，从入口对侧的通道出去，来到了中央塔殿的南侧；出中央塔殿后右转，您会在左侧一排柱子中找到一个带着楔子的柱子，其功用还不明确。从第一层围墙西侧的出口出去，经过一段短小的石块垒成的通道，您的左侧出现垒一段木板搭成的小路，这条小路将带您走出第二层围墙。

到了第三层围墙内院，还是不要急于出去，这时候您左转朝向南方，再次绕着第二层围墙走到西南角，出现在您眼前的是南建筑群，为纪念阇耶跋摩的哥哥阇耶迦提提婆（Jayakirtideva）而建。从南建筑群的西侧入口进入后右转，参观位于建筑群中央的塔殿，右东侧塔楼走出南建筑群，在塔楼的西侧有著名的“伟大的离别”（Great Departure）壁雕，描述即将成为佛陀的释迦牟尼骑着马偷偷离开了父亲的宫殿的场景，神明帮他裹住马蹄，以免马蹄声惊动家人。从这里找到第一层围墙的出口并不容易，您要一直保持向左行走，经过一个红土墙面围成的柱廊遗址，再经过两座塔殿之间那条狭窄的小路，就能第三层围墙。

穿过第三层围墙，再次来到了舞女大厅，保持大厅在您的左侧，沿着大厅前行，来到第四层围墙的塔楼。出了第四层围墙后，非常建议您在此驻足欣赏一下其他的佛教主题的浮雕，包括位于主塔楼旁的侧塔楼的北侧门楣，上面的佛雕描绘大地女神从自己的头发中拧出世人的泪水，泪水形成洪水，将恶魔魔罗（Mara）冲走，而在南侧的入口处有这样一块浮雕，刻画着一幅安详的画面，佛祖位于宫殿一旁，背景是一棵树，可惜佛像遭到严重破坏。

一个十字形平台与引道相连，前方的引道上有500米已被茂密的丛林覆盖，这条引道通向第五层围墙东侧的塔楼。左侧有一个名为“壁炉客栈”的建筑，呈长方形，由石块筑成，有一座向西而建的宝塔，入口在塔身的东侧，只有南面开窗，南侧门楣上有观世音菩萨的浮雕。建筑的名字源自碑文中对建筑的记录，尽管碑文中记载的名字将建筑与火联系在一起，建筑的功用尚存争议。

P142：第四层围墙的塔楼

P143左上图：被盗贼掠走头部的佛陀雕像

P143右上图：巴戎寺风格的立姿女神浮雕

P143中图：天堂舞者飞天女神的长幅浮雕

P143下图：第四层围墙内的舞者之厅上的假门

第三章
王家建筑

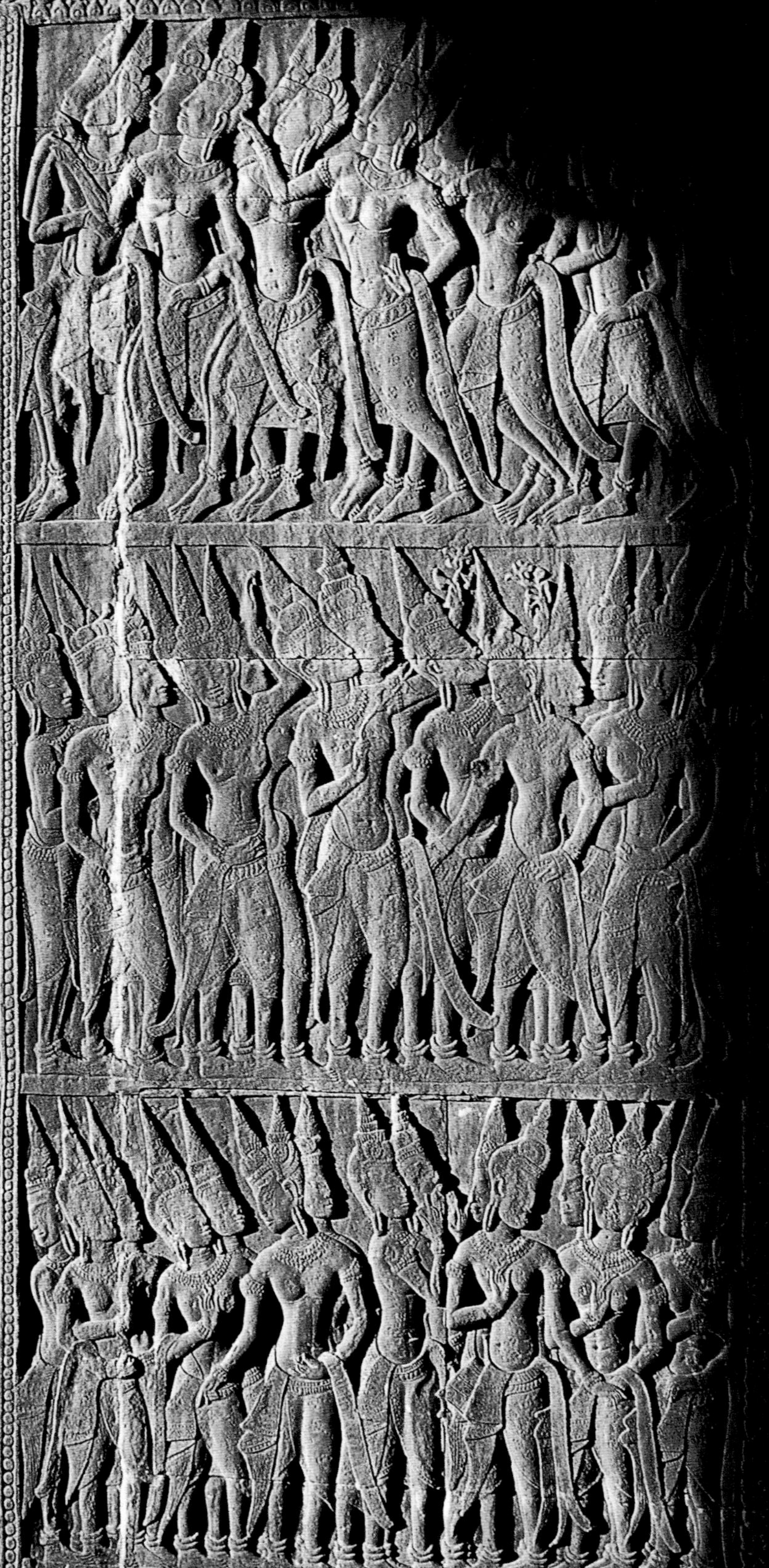

3

章节导读

不论君王在世之时还是离世后化作神明，他都赋予其子民生命，又守护子民不受伤害，这样的信条渗透在每一处宏伟的高棉建筑中，其中吴哥窟就是最著名也最为重要的代表。这座由苏利耶跋摩二世修建的人间天堂将纵向庙宇与寺庙山进行了完美融合，形成了举世无双的建筑奇观。阇耶跋摩七世随后又修

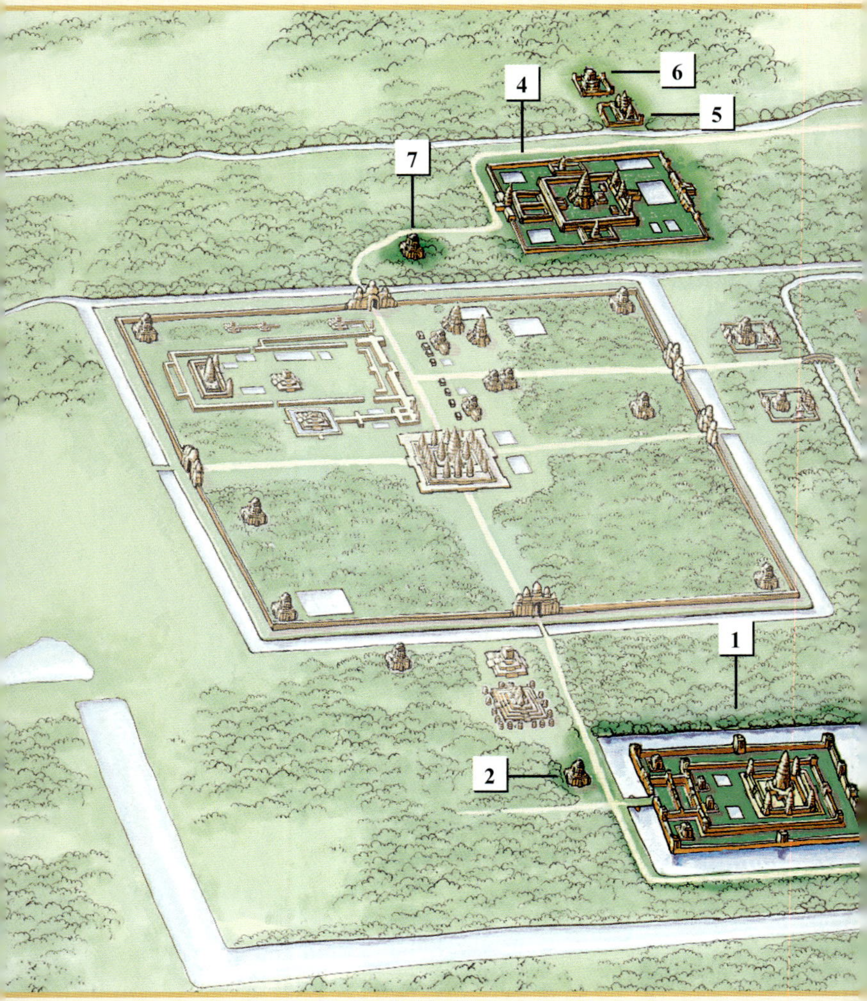

建了大量的王家建筑，其中最负盛名的是圣剑寺，他光复了神权思想，将君王的地位等同于救世主，同时因为他的佛教信仰，阇耶跋摩七世更加关心民生、关怀百姓，他修建了塔普伦寺等寺庙作为百姓疗伤养病的场所，还修建了涅槃宫，其中的龙蟠水池因为疗养治愈的功能而闻名。班德普瑞寺和塔萨寺，这两座寺庙都造型小巧且结构紧凑，其构造一目了然，因而参观这两座寺庙有助于我们厘清这类建筑的结构。普赛普雷寺和牛场寺已经受损，但通过残留的建筑结构我们可以看出当时的建筑技术以及技术缺陷，而罗梅寺实际上是一圈动物围墙，它的存在提醒我们已经被损毁的附属建筑的规模曾经有多么庞大。

P145：位于吴哥窟四角的角楼中的立姿女神壁雕

3

吴哥窟

历史

吴哥窟是吴哥遗址中最负盛名的一处庙宇，游览吴哥窟时您可以从西侧的主通道进入，从东侧的出口离开，如果当天游人很多，您可以选择东进西出的游览路线。1113年到1150年间，苏利耶跋摩二世下令修建吴哥窟，这座庙宇在古代被称为布拉·比什努洛克（Brah Bishnulok）或维拉·维什努洛克（Vrah Vishnuloka），意为先给三相神第二位的毗湿奴的圣殿，而统治者苏利耶跋摩二世宣称自己是毗湿奴在人世的化身。的确，苏利耶跋摩二世死后，这位伟大的统治者得到的是“帕拉马维什努洛卡”（Paramavishnuloka）的谥号，留下了“他进入了至高无上的毗湿奴的圣殿”的文字记录，这座庙宇成了他的陵寝。吴哥窟这个名字意为王城，即王家庙宇。阇耶跋摩七世引发了一场宗教革命，13世纪佛教在高棉帝国盛行，而吴哥窟也由毗湿奴的圣殿转变为佛教庙宇，“wat”这个词源于泰语，意为寺庙。

P148上图：阴间的守护神

P148下图：吴哥窟西侧俯瞰图

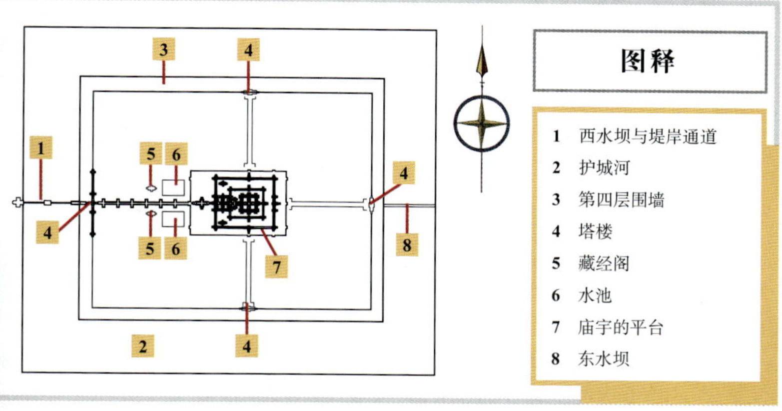

图释

1 西水坝与堤岸通道
2 护城河
3 第四层围墙
4 塔楼
5 藏经阁
6 水池
7 庙宇的平台
8 东水坝

300米

0 40米

图释

1 十字形平台
2 塔楼
3 第三层回廊
4 四角宝塔
5 浮雕，描绘俱卢之野大战
6 浮雕，描绘军队行军场景
7 浮雕，描绘死神的审判
8 浮雕，描绘翻搅乳海
9 浮雕，毗湿奴大战恶魔
10 浮雕，克里希那大胜千手魔王波诺
11 浮雕，众神大战恶魔
12 浮雕，楞伽之战
13 十字形穿廊
14 藏经阁
15 第一层平台的内院
16 第二层回廊
17 第二层平台的内院
18 第一层回廊
19 第三层平台上由穿廊围成的内院
20 位于四角的塔殿
21 中央塔殿

参观指南

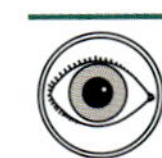

吴哥窟建筑群坐落在曾经的因陀罗补罗城东南角，约占整个古城面积的四分之一，建筑群所在范围长1500米、宽1300米，总占地面积约2平方千米。建筑由一条护城河环绕，河水引自暹粒河，护城河宽约200米，河的两岸有逐级下沉到水中的阶梯。尽管用于建造吴哥窟的石料和其他建筑材料总体积达50,00

立方米，其建筑面积在庞大的吴哥窟建筑群中却只占100,000平方米，建筑中曾使用的木质材料或其他易腐烂的材料都已不复存在。曾经，吴哥窟的外层围墙内容纳了大概20,000人，包括了寺庙的工作人员、国王、宫殿中的人员以及所有为王室服务的人。

整座建筑朝西而建，这与印度以及高棉的建筑传统背道而驰，通常上述两个文化中庙宇应该朝东而建。对于这个不同寻常的现象，学者们提出了各种的猜测，一说是庙宇是为毗湿奴修建的，而毗湿奴正是宇宙西面的神明；一说这是君王的陵寝，古人有死后归西的说法；还有一说因为吴哥窟建在因陀罗补罗的东南角，如果朝东建，都城就处在庙宇身后，而这样的布局是不祥之兆。

最外层围墙，即第四层围墙，由红土筑成，长1025米、宽815米，围墙西侧和东侧各有一条横跨护城河的通道：东侧的是一条土路，连通护城河内外；而西侧的通道因为直通庙宇的正门而显得更为重要，通道长250米、宽12米，由砂岩铺成，两侧是蛇神那伽形态的护栏。护栏上的那伽有五头或七头，这不仅是印度神话中的经典造型，也是参考了当地古老的水龙形象，水龙可带来降雨，也象征着连接天地的彩虹。正因如此，用

P150—151：在建筑群的南侧拍摄的平台以及平台上的庙宇景观

P150下图：第四层围墙西南方向的塔楼以及西水坝边的栈桥

P151上图：第四层围墙的塔楼以及塔楼前的通道

P151中图：守门狮与第四层围墙的塔楼

P151下图：多头蛇神那伽雕像

这样的形象装饰这条连接着象征世俗生活的古城因陀罗补罗和神圣质地的苏利耶跋摩二世新都庙宇的道路，再合理不过了。

通向吴哥窟的引道是一个十字形的平台，平台下端有阶梯下沉到护城河的河水中，因此横跨护城河的引道更像一座栈桥，走过引道可以看到最外层围墙的西墙，这层围墙是一圈带有叠涩拱顶的砂岩回廊，回廊一侧是封闭的墙面，一侧由廊柱支撑。入口的门廊南北走向长达235米，有着栩栩如生的壁雕装饰，门廊前方是一个比其下沉一级的半厅结构建筑，里面的立柱所剩无几。位于门廊中间的入口是吴哥窟的主入口，从入口进入后能看到前方的第三层回廊，主入口包含三座十字形塔楼，塔楼的顶部建有角楼，三座塔楼由两个厅室连通。位于中间的塔楼要比两旁的塔楼大，塔楼东西两侧均设有柱厅。在第四层围墙西墙两端分别设有一条供动物和车辆通过的通道，围墙的另外三面也都设有塔

楼，只是塔楼的结构比主入口的简单。如果时间充裕，您可以留意下述景致，假门下部刻画女性舞者和骑马者的浮雕，门楣下玫瑰色的窗棂，横梁两端怪诞的面具，这些都值得您花时间驻足欣赏。位于中间塔楼右侧的塔楼上有一幅八臂毗湿奴雕像，专家认为这尊雕像可能原本供

P152上图：第四层围墙内南侧的藏经阁

P152左下图：第三层回廊十字形柱厅上的塔楼

P152右下图：位于第三层回廊东侧的佛塔，建造时间应为修建吴哥窟之后的某个时期

P152—153：第三层回廊北侧

P153下图：第三层回廊一座塔楼的细节图

P154—155：第一层回廊全景图，角落中是立姿女神壁雕

P154左下图：第一层平台上的立姿女神壁雕以及花纹装饰

P154右下图：被植物装饰环绕的女神壁雕

P155：女神对着镜子梳理头发

奉在主塔殿。目前藏于中央塔殿的两尊八臂毗湿奴雕像都没有这尊宝贵。

通过入口后，会在墙上看到立姿女神壁雕，这些女神带有复杂的发型，在身后树木花草背景的掩映下，面带令人难以捉摸的微笑，吴哥窟的壁雕中有超过1500个立姿女神。

这座圣城的围墙内有一条大路通向第三层回廊，大路宽10米，高出地面1.5米，一直向前延伸350米，两侧有蛇神那伽造型的栏杆。路上每间隔50米，就在两端各有一个延伸到地面高度的阶梯，每边各有六个阶梯。通道两侧各有一座藏经阁，其中靠北的一座目前正在修复。两座藏经阁都呈十字形，内部结构分成三部分，四面都有柱廊连着入口的阶梯，藏经阁顶部是叠涩拱结构或是内拱圈平滑的半叠涩拱结构。

再往前是两座宽约50米的长方形水池，两个水池都是后期修建的。站在位于西北方向的水池前，可以欣赏整座建筑在水中的壮丽倒影。

水池旁的建筑是一座佛教寺院，寺院中有不同时期修建的舍利塔，是先前建筑群的一部分。

这条大路通向一个双层平台，在平台底层有一个由矮小敦厚的石柱围成的内院。

平台顶层长332米、宽258米，高约1米，平台底层的每一面都有三个阶梯通道，平台之上就是吴哥窟的核心建筑，带有三层塔身的塔殿外围有三层回廊环绕。第三层回廊建在一座经过精心打磨的高高的平台上，回廊顶部采用了叠涩拱结构，回廊东西向长度为215米，南北向长度为187米，回廊内侧是全封闭的墙体，外侧是开放的拱廊，拱廊外侧的立柱支起半叠涩拱结构。回廊的四面均设有入口：西面的入口由三座十字形塔楼组成，塔楼间由厅室连通，拾级而上就能来到塔楼的入口处，进入位于中间的那座塔楼之前还要经过门廊和前厅。回廊东面的三座塔楼和西面的完全一致，而南面和北面则各有一座塔楼，塔楼前是阶梯，沿着阶梯而上是门廊和前厅。十字形塔楼修建阶梯的技巧在回廊的四角再次出现，这样做是的目的是通过阶梯稳固建筑，防止屋顶的水平推力导致建筑移动。

第三层回廊的封闭墙面满是令人惊叹的绝美壁雕，壁雕高约2米，不算回廊四角的壁雕，总长度已达600米，这些残破的壁雕仿佛一卷卷古老的手稿。学者们认为壁雕上那些闪闪发亮的部分是加了某种涂层的原因，也可能是为了便于保存而进行了抛光打磨，或是后期刷漆涂层的结果，而不是游客的繁复触摸导致磨光了浮雕表面。有的浮雕表面出现了红色，黑色以及金色的痕迹似乎验证了“添加涂层”的猜测。所有壁雕都与毗湿奴的神话有关，而下令修建吴哥窟的苏利耶跋摩二世将自己视作毗湿奴在凡间的化身，而有关这两者之间的关系有各种各样的解读。

由于吴哥窟是一座陵墓，很多学者强调应该以逆时针的顺序观赏浮雕，也就是说游览时，浮雕应该在游客的左侧，而不是右侧，传统的寺庙朝拜路线也是如此。实际上在举办丧葬仪式的时候，印度教信徒会用逆时针绕行（prasavya）取代顺时针绕行（pradakshina），也就是说整个仪式中都采用逆时针路线绕行庙宇。

P156—157大图和157下图：第三层回廊西侧刻画俱卢之野大战的浮雕，以及第三层回廊外侧

P157上图：第三层回廊的塔楼

P157中图：第三层回廊一角的塔楼以及位于第二层围墙东南角的塔殿

就按照逆时针的顺序游览这座庙宇，首先迈过为了辟邪而故意建高的门槛，一进入塔楼马上右转进入回廊西侧南翼，这段回廊能欣赏到俱卢之野大战的浮雕，俱卢位于印度德里北部，伟大的印度史诗《摩诃婆罗多》的主人

公般度族和俱卢族在那里大战一场。位于石板正中稍偏的是英雄阿诸那，他从战车上射出一支箭，他的战车御者是毗湿奴的化身，即四臂神克里希那。

位于西南角的宝塔目前正在维修，宝塔的壁雕有描述众人膜拜毗湿奴的场景，以及其他源自伟大史诗《罗摩衍那》的情景。这部史诗纪念毗湿奴在人间的化身罗摩。宝塔南侧

P158上图：第三层回廊西侧南翼浮雕，俱卢之野大战浮雕细节图

P158下图：第三层回廊南侧东翼浮雕，“死者的审判”壁雕细节图

P158—159：第三层回廊南侧西翼浮雕，行军途中的军队

P159下图：第三层回廊南侧西翼浮雕，来自暹罗各省的士兵

P160上图：第三层回廊南侧东翼浮雕，死者的审判中暴打肆虐的场景

P160中图：第三层回廊南侧东翼浮雕，死者的审判中，恶魔将受诅咒的人碎尸万段

P160下图：第三层回廊南侧东翼浮雕，死者的审判中，阴间守护神

P160—161：第三层回廊南侧东翼浮雕，死者的审判中受诅咒的人被拖向阴间

P161下图：第三层回廊南侧东翼浮雕，抱孩子的妇女群像

开窗上方的东侧有一处精美而动人的壁雕，描绘两任猴王须羯哩婆和婆黎搏斗的场景，婆黎在战死之后，他的妻子哀痛不已。

南回廊西翼有这样一处浮雕，苏利耶跋摩二世坐在王座之上宣布发动战争，军队即将出征。雇佣兵，分遣队，泰国城市华富里（Lop Buri）在雕刻所在的石板中央，我们再次看到了高棉国王身前一贯会出现的骑坐在迦楼罗身上的毗湿奴。

从头上的花格平顶能看出最初屋顶是如何筑成的。

东区有一组描绘死神阎魔的浮雕，浮雕中阎魔骑坐在水牛身上，审视者对众人灵魂的审判，浮雕上展示了那些即将下地狱的灵魂经历的种种残忍细节。

位于四角的宝塔没有经过装饰，但是位于南区回廊的东翼的浮雕刻画着《摩诃婆罗多》以及《薄伽梵往事书》（*Bhagavata Purana*）中翻搅乳海的壮观场面。这幅壁雕的下半部分刻画着

P162—163：第三层回廊南侧东翼浮雕，死者的审判中的轿子

P162 下图：第三层回廊南侧东翼，死者的审判中，乘坐轿子的公主

P163 上图：第三层回廊南侧东翼，死者的审判中那些被选中升天的人

P163 中图：第三层回廊南侧东翼，死者的审判中致哀的场面

P163 下图：第三层回廊南侧东翼，死者的审判中，列队前往天堂的人们

海洋中各种生物，既有现实中的生物，也有神话中的神物。壁雕中部是众神和恶魔分处于骑在龟王库尔身上的毗湿奴的两边，神明的眼睛细长，恶魔的眼睛圆睁。壁雕的上半部分刻画从浪潮中浮现的飞天女神在空中翩翩起舞。在北区还有一块展现毗湿奴大胜恶魔的浮雕，是之后某个时期的作品，雕刻年份在1546年到1564年间，当时的国王是安赞一世（Ang Chan I），他将高棉帝国的国都迁至洛韦（Lovek），但仍继续修建宗教建筑吴哥窟。

东北角的宝塔没有可观赏的内容，穿过这座宝塔就进入了北侧回廊，这段回廊的东翼有一幅壁雕，描绘克里希那大战千手魔王波诺（Bana）的场面，这场正义对抗邪恶之战最终以克里希那的胜利告终，最后通过湿婆的调解，波诺免于一死。这块壁雕的雕刻时

P164：第三层回廊东侧南翼：
浮雕上方是位于翻搅乳海场景中部的毗湿奴
浮雕下方左侧是翻搅乳海场景中的众神与神猴哈努曼
浮雕下方右侧是湿婆神

P165 上图：第三层回廊南侧东翼，死者的审判中骑水牛的死神阎魔

P165 中图：第三层回廊的浮雕墙

P165 下图：第三层回廊东侧南翼，参与翻搅乳海的恶魔们

间可以追溯到安赞一世的时期。

北侧回廊的西翼壁雕描述神魔大战的场景，有21位印度神明佩戴珠宝，手持武器，骑着他们的坐骑从众人和恶魔中穿过。

位于西北角的宝塔供奉着毗湿奴塔内壁雕描绘《罗摩衍那》的很多重要场景，而北区的西回廊壁雕描绘着这部史诗中的经典场景楞伽之战，这是罗摩和罗波那之间最后的战役，千头恶魔罗

波那绑走了罗摩的妻子。这场徒手搏斗十分激烈，猴子们撕咬着恶魔和他们的坐骑。

浮雕的画面是连续的，游客目之所及的是浮雕上一个又一个场景，浮雕在制作过程中经过精确的测量，使得每一个场景所占长度刚好落在观赏者的视野范围内，那些匠心独运的细节处理令观赏者目不暇接。那些美丽的中楣刻画着层叠的花瓣，各式植物花纹，以及神鸟迦楼罗或是带有翅膀的狮子，在带窗的厅室中，内壁上雕刻的繁复的植物雕饰与壁毯异曲同工，而壁毯一类的带有花纹的丝绸织锦缎是从当时的中国运送到吴哥的。

主入口的背面有一处构造巧妙的十字形穿廊，引人入胜。三个入口延伸出三条平行的走廊，通向去往上一级平台的台阶。走廊的拱顶是叠涩拱结构，内拱圈和外拱圈都有内嵌的山墙饰，到了高一级的平台上，三条走廊与第二层回廊形成了三座十字形塔楼；外拱圈的花纹非常精细地复刻了屋顶瓦片的纹理，连一些最微小的细节也模仿到了极致。垂直穿过三条通道的是第四条南北走向的通道，它是一个由四排柱子支撑的

P166—167及P167上、中、下图：第三层回廊西侧北翼，楞伽之战壁雕及其细节图

P166下图：屋顶下中楣上的壁龛，浮雕上刻画着翩翩起舞的飞天女神

三拱走廊结构，中间是一个完整的叠涩拱，两边分别带有一个半叠涩拱，这条通道和上述的三条通道交织，形成了四块面积不大的内院。四个小内院建在高高的平台上，形成四个在庙宇仪式中使用的驱邪的水池，水池边有阶梯通往水池底部。南侧的这条走廊，因内殿曾藏有大量的开过光的佛像，被誉

为“千佛殿”，可惜这些佛像今天已所剩无几。在这条走廊通过时，您一定要细细欣赏，柱子的底座上苦行者的形象，内墙的中楣上那些起舞的飞天女神，外墙中楣上的苦行者，成群的立姿女神，蜿蜒的多头蛇围成门楣边框，弱化了门楣的棱角。这些绘画可追溯到16世纪。

说起门楣，位于左侧穿廊的一角的角楼上有一处门楣，刻画着骑坐迦楼罗的毗湿奴，雕刻十分精美。四条通道的交汇处的门楣上还有很多值得关注的元素：西侧的入口处有翻搅乳海的浮雕；南侧交汇处是在日月之间，毗湿奴大胜阿修罗伯纳；东侧入口在一处膜拜的神明间，毗湿奴骑坐迦楼罗；南侧的入口依然是描绘毗湿奴的门楣，这次毗湿奴骑坐在蛇神阿难陀身上，拉克希米在其身边帮他按摩双脚。

在进入第二层回廊之前，还有一些有趣的景致，您从交错的四条通道北侧出口出来，可以看到带有盲窗的第三层回廊的内墙，还可以去看看位于通道两侧的两座藏经阁，藏经阁建在高高的地基之上，因此在藏经阁上可以看到整个庙宇的全景。

有三条路通向第二层平台，一是通过连接二三层回廊的柱廊通道；二是在第一层平台的内院上找到第二层回廊另外三面的入口塔楼，登上通向塔楼的陡峭阶梯，进而由塔楼进入第二层平台

三是从位于第二层回廊四角的塔楼进入，这里的四座塔楼都是具有实际通道功能的塔楼。这里还是建议您以这样的路线游览，从中间的廊柱通道进入第二层回廊，左右两侧是两座小型的藏经阁，藏经阁只有一个室内空间，内壁有多组立姿女神壁雕，藏经阁的入口位于由短

P168左图：位于第三层平台的中央塔殿东侧前厅门楣浮雕，舞动的湿婆神

P168—169大图：第三层平台上的回廊

P169左下图：第一层平台上的柱廊通道

P169中下图：第一层平台上供奉在通道中心的佛像

P169右下图：站在第二层平台上西南侧的藏经阁上看到的景观

P170：第一层平台上入口塔楼

P171上图：在第二层围墙内的第三层平台里位于四角的塔楼上看到的景观

P171下左图：第三层平台上中央塔殿入口侧边的女神浮雕

P171下右图：位于第三层平台上的中央塔殿墙面的上的立姿女神浮雕

小的立柱支撑起来的平台上，这些柱子是在后面的某个时期加上去的。吴哥窟的第二层平台曾经是不对大众开放的，因此这圈长115米、宽100米的单拱结构回廊外墙没有通透的开窗，廊内光线幽暗，好在外墙设有盲窗，阳光透过那些细小的柱子洒进回廊。而回廊的内墙设有开窗，尽管窗口上还是带有柱子，但是这些柱子相对短小，柱子上堆叠着十层或十二层不等的环状装饰。在登上第三层平台前，您可以在中央建筑周围漫步，欣赏立姿女神壁雕，以及二层回廊中的门楣，其中就在北侧塔楼的门楣上，有各种大战的场面，南侧的门楣上刻画着猴王须羯哩婆大战婆黎的场面。其中有几处壁雕尤其值得关注，高耸在吴哥窟最高处的四座塔殿中的壁雕就十分精美，其中有位于东南角的塔殿上的毗湿奴，还有位于东北角的塔楼上两处刻画着战车上的士兵和弓箭手。

第二层平台内院中第三层平台拔地而起，这层平台高达13米，第三层平台又可细分为两层。通向第三层平台的十二级阶梯极为陡峭，坡度高达70度，两侧有四对扶壁，阶梯通向第一层回廊内的最高层方形平台边长为60米。想登上第三层平台，最安全的一条路是南侧的阶梯通道，这条阶梯两侧有扶手，有水泥砌成的台阶，更容易攀爬。第二层回廊的外墙上设有立柱开窗，回廊的内侧是柱廊，回廊顶部是叠涩拱结构，柱廊上连接着半叠涩拱。

位于平台四角的塔殿与中央塔殿共同形成了梅花形布局，象征着须弥山的五座山峰。第三层平台上的十字形柱廊通道复现了一层平台上的同类结构建筑，柱廊通道通向中央塔殿，而中央塔殿又通过三拱顶的走廊连接着位于其四面的入口，从中央塔殿辐射出的四条通道与第一层回廊交织，形成了四座驱邪的水池。与第一层平台的通道不同，这层平台通道的中心耸立着雄伟的中央塔殿（42米高），塔顶距离吴哥窟所在的平面超过65米，雄踞一方的中央塔殿傲视周围所有建筑，仿佛将那些建筑都吞噬到它那五层的塔身内，塔身之上是三重莲花花瓣形状的门楣叠加而成，顶端是一个莲花蓓蕾形状的塔刹。塔殿有一个起到支撑作用的前厅，在（朝向北面的）前厅的门楣上、哈努曼等毗湿奴的一众信徒旁边，是面向东方起舞的湿婆，他协助罗摩的神猴哈奴曼将两个敌人踩在脚下。

塔殿的平面图呈锯齿状，塔殿四面的前厅连接着各自的门厅，起初四面均设有可进出的门，塔内供奉着一尊毗湿奴的雕像，这尊雕像目前可能存放在外侧回廊西侧的塔楼内。后来塔殿改为佛塔后就把门封闭起来了，于是在原本开门的位置出现了将右手放在胸前的佛陀

形象。1908年，考古学家打开了南侧的门，发现佛塔的内殿中残存着毗湿奴的雕像的底座，底座下面是一口25米深的竖井，井内有一个藏宝空间，里面有2个用红土堆成的长方形盒子，最下面的盒子上有一个圆圆的小洞，里面有2片金子做成的树叶，以及4片更小一点的金树叶，上面覆着细沙，细沙中还有2颗蓝宝石。除此之外就没有其他宝物了。

位于四角的塔殿造型接近中央塔殿，只是较中央塔殿更小。在众神位于须弥山上的宫殿内，第三层平台只有最高级别的祭司和君王才有资格进入，君王将自己视作中央塔殿所供奉的神明在凡间的化身。游览此处时，请您沿着回廊外侧行走，位于第三层平台之上，沿路可以居高临下地欣赏四周美景；中央塔殿的西侧是佛陀骑坐龙王目支邻陀的雕像。

梅花形布局的5座塔殿并不是吴哥窟中仅有的庙宇，第二层回廊的四角也有塔殿，而建筑群最外层围墙的入口处也有3座塔殿。因此，吴哥窟中共有12座塔殿，占星术中每12年是一个轮回，通向第二层平台的阶梯均为12级，通向中央塔殿所在平台的阶梯同样是12级，这个数字一直延续到第三层回廊，第三层回廊共有12个入口。

尽管吴哥窟在建筑技术上存在缺陷，例如拱顶结构的问题依然没有得到解决，建筑采用叠涩拱结构，水平堆砌的方式到了一定高度，砖石就摇晃不稳，导致建筑空间受限，当时的建筑师们还没有关注到这一点，然而这些都不妨碍吴哥窟在建筑学角度上被视作一个伟大的作品。

吴哥窟之所以成为一座完美的建筑，得益于体积测量术在其建造过程中的应用。例如，入口塔楼和塔殿之间的引道长度大概是塔殿西侧长度的两倍，由于观看者所在位置与目标的距离是目标最大宽度的两倍，所以观看者站在入

口刚好可以看到这个建筑群的全貌。三层平台中每层平台的高度都是下面一层平台高度的两倍，面积最多是下面一层平台的二分之一，所以位于最底层平台的回廊并不会遮住位于高处的上一层平台，也正是因此，观赏者即使在底层平台也有观赏寺庙山的完美视角。而且由下至上，每一层平台都相对于正门的方向更向东偏移一些，和下一层平台错开。这样的设计也是为了避免在西侧观赏建筑时给人留下门楼向外突出的感觉。

游览结束后，您可以从第三层回廊的东侧塔楼出去，看到一座砖筑的舍利塔，站在舍利塔右侧，在这个角度能看到吴哥窟的别样景致，由此向外走，您将踏上一段植被覆盖的小路，通向东侧外层围墙，那里有各种接送游客的车辆送您返回住处。

P172上图：位于第三层平台东南角塔殿上的门楣浮雕，毗湿奴

P172下图：第二层回廊外拱圈上的三角楣细节图

P172—173大图：吴哥窟东侧景观图

P173下图：位于第三层平台上的中央塔殿

3

塔普伦寺

参观指南

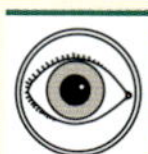

距离吴哥窟主入口北侧约400米处坐落着塔普伦寺，这是阇耶跋摩七世修建的102座医堂之一。塔布隆寺的碑文以及其他庙宇都有关于这座寺庙的信息。这段梵语碑文记录着向药师琉璃光如来（Bhaishajyaguru）的祈愿，以及对仁慈的统治者阇耶跋摩七世的赞颂，随后是医堂的种种规则以及一份医堂员工的名单。绝大多数关于塔普伦寺的记录中都显示当时有98人供职于此，此外还有1名占卜师、2名祭司，但是据记载当时有200人在首都的各个医堂中工作。塔普伦寺庙宇的构造和前文介绍的基本一致，依然是塔殿前有一个门厅或者一个向东方凸出的结构，塔殿的东南方有一座小型的藏经阁，建筑群中心有一圈带有塔楼的围墙，一条护城河环抱着围墙外侧。在此基础上再添加木质结构，这里就成了病患和医护栖身的场所，只是随着时间的推移，曾经的木质结构如

P174上图：塔普伦寺中供奉的雕像

P174—175大图：吴哥窟附近的塔普伦寺

P175上图：塔普伦寺塔殿内部

P175左下图：靠近茶胶寺的医堂

P175右下图：医堂中带有立姿女神浮雕的壁龛

今已不复存在了。曾经环塔普伦寺而建的围墙如今已残破不堪，几乎寻不到它的踪迹，塔楼，甚至塔殿也都岌岌可危，塔殿西南方向的三层塔身已经倒塌，这里的巴戎寺风格装饰十分粗犷。在靠近茶胶寺的地方有一处相似的建筑，被称为医堂（Hospital Chapel）。

3

塔萨寺

参观指南

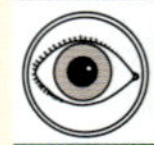

塔萨寺坐落在阇耶塔塔迦湖（Jayatataka）东畔，从东梅奔出发向北2500米，或从涅槃宫出发向东走1800米即可到达塔萨寺。

供奉着24位神明的圣剑寺中的石碑记载的那样，一些学者认为塔萨寺是“Gaurashrigajaratna”，意为“吉祥白象珠宝”。由于建于12世纪晚期，塔萨寺造型相当小巧，因此非常容易看清庙宇的构造。第三层围墙由红土筑成，长240米、宽200米，是在寺庙建成后才

加建的。当时城墙上有佛祖形象的城墙齿，如今已不复存在了。第三层围墙的东面和西面各有一座塔楼，一棵菩提树的根结盘踞着东侧的塔楼，在盘根错节中露出了观世音菩萨的雕像，这是一位悲悯天下的菩萨，阇耶跋摩七世声称自己是其化身。推荐您以从西向东的路线游览塔萨寺。第二层围墙也是由红土筑成的，墙外环绕一条护城河，围墙的东面和西面各有一座塔楼，东侧塔楼的前方有一座十字形平台正在修缮。穿过西侧塔楼后右转来到第一层围墙外侧，这里您回看到带有观世音菩萨浮雕的门楣。继续朝这个方向往前走，绕过第一层围墙的西南角，来到围墙的南面，从南侧塔楼进入围墙参观庙宇。

图释

1 塔楼
2 第二层围墙
3 第二层围墙的内院
4 第一层围墙
5 第一层围墙的内院
6 藏经阁
7 带有楔子的立柱
8 中央塔殿

建议路线

P176上图：壁龛中的立姿女神浮雕细节图

P176下图：第一层围墙内部景观

P176—177大图：位于第三层围墙东墙的塔楼

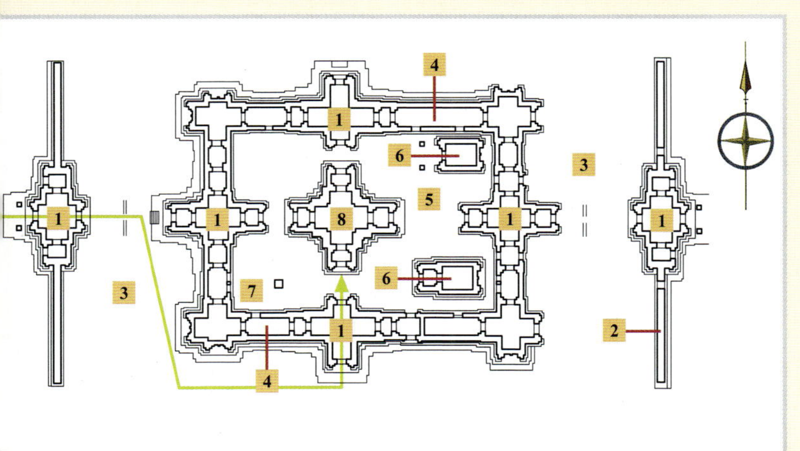

P178上图：第三层围墙东墙的塔楼上观世音菩萨头像

P178左下图：第一层围墙内带有立姿女神浮雕的壁龛

P178右下图：塔楼壁龛中的立姿女神浮雕

P178—179大图：第一层围墙与塔殿

P179下图：正在整理秀发的立姿女神

第一层围墙是一圈由红土筑成的回廊，四角建有塔楼，回廊上有砂岩门窗，其中开窗是当时最经典的样式，有低垂的石质窗帘装饰，回廊拱顶采用叠涩拱结构，拱顶有一个好似山尖一样的装饰。位于北墙的塔楼南面的门楣上有一处十分有趣的浮雕，观世音菩萨的脚下有四枝并蒂莲，每枝莲花上都有一个在跪拜菩萨的信徒。

围墙内的东南角和东北角各有一座藏经阁，中央塔殿的平面图呈希腊式十字架形状，位于其四面的四个入口均可通向内殿，在入口和内殿之间设有四个前厅，中央塔殿的塔身分为四层，顶端是一枝莲花的造型的塔顶。走到内院的西南角，您会看到带有楔子的立柱，同时期的其他庙宇中也有这样的柱子，但是其功用还不清楚。

3

圣剑寺

历史

在高棉帝国时期，圣剑寺被称为“Nagarajayashri”，意为“胜利的幸运之城”，今天“圣剑寺”这个名字的意思是“神圣的宝剑”，暗指高棉王国的守护神，近代复刻的一把圣剑现保存在位于金边的王宫中。从吴哥王城北门经过，右侧1500米处即可看到圣剑寺的第四层围墙，建议您从这层围墙的西塔楼进，东塔楼出，可以提前约好司机在东门等候。

阇耶跋摩于1184年下令修建圣剑寺，1191年完工，寺庙是为纪念其父陀罗尼因陀罗跋摩二世而建，陀罗尼因陀罗跋摩将自己视作观世音菩萨的化身，观世音菩萨是在此供奉的450位神明中最为重要的一位。

实际上，圣剑寺不仅是佛教圣殿，里面还供奉着印度神明，当地神灵，王家先祖以及被神化的凡人。

整座城市共有102座塔殿，一些石质建筑，以及其他宗教建筑，圣剑寺坐落在新的“胜利之池”阇耶塔塔迦湖的西侧。奠基石碑赞美了为建造庙宇做出贡献的5324座村庄，这些村庄每天为建筑工程提供10吨白米，碑文还记录了生活在圣剑寺周围的97,840人。

圣剑寺除了是一座王家建筑，还是当时极负盛名的学习中心，模仿当时印度的大型佛教学院建成了佛教学校。

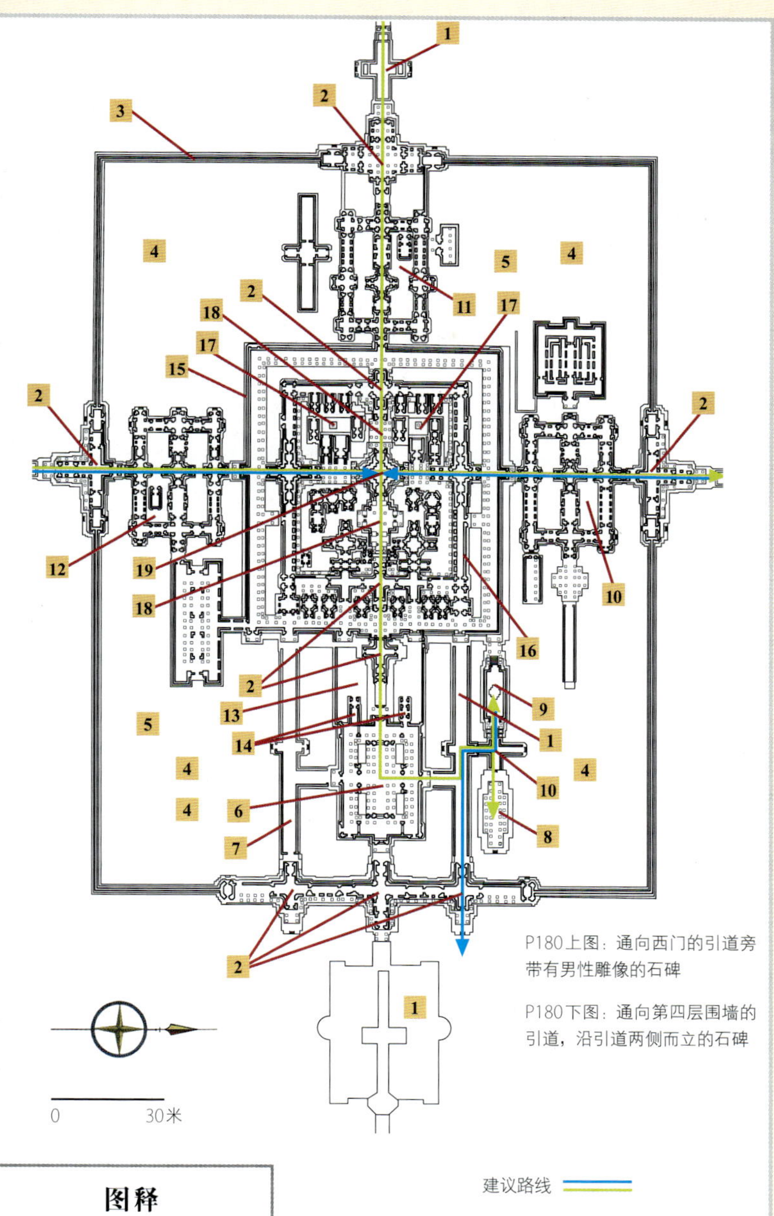

P180上图：通向西门的引道旁带有男性雕像的石碑

P180下图：通向第四层围墙的引道，沿引道两侧而立的石碑

图释

1 十字形平台
2 塔楼
3 第三层围墙
4 水池
5 第三层围墙的内院
6 舞者之厅
7 两侧有蛇神那伽形态扶栏的引道
8 柱亭
9 红土筑成的平台
10 供奉湿婆的庙宇
11 供奉毗湿奴的庙宇
12 位于南侧的塔殿
13 铺有砖石的内院
14 庙堂
15 第二层围墙
16 第一层围墙
17 第一层围墙内，由穿廊围成的内院
18 柱廊
19 中央塔殿

参观指南

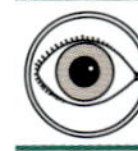

这座寺庙占地56公顷，四周有四圈围墙环绕，外层的围墙长800米、宽700米，最外层围墙外有一条宽40米的护城河。通向西门的引道两侧各有一排柱子，柱子顶端的装饰是一朵倒置的莲花形态。在整座建筑的基座四面各有一座男像柱，柱子上的雕像有迦楼罗的身体、狮子头，支撑着一个壁龛，壁龛中供奉着打坐的梵天雕像，这座雕像在13世纪的婆罗门教复兴中被损坏。引道好像一座桥，两侧是两排立姿女神和阿修罗雕像，众神与恶魔各执一边，用身体支撑起多头蛇那伽（吴哥王城内也有类似的建筑）。

走到围墙边，您马上就能发现位于四角的红土墙上那些5米高的神鸟迦楼罗，迦楼罗用它们的利爪抓着蛇，四尊雕像间距为45米至50米宽。在此之上有一段长长的城垛，过去上面有佛陀的雕像，如今已荡然无存。入口处有三座塔楼，位于中间的入口塔楼有五层，专供大象和马车出入，两侧的两个入口塔楼都有三层。围墙内的空间一度被民居占据，而如今早已被丛林中的植物覆盖。一条长达185米的小路通向十字形平台，路的两侧是蛇神那伽形态的护栏，这条路连通第三层围墙的入口塔楼，第三层围墙长200米、宽175米。围墙主入口两侧有两尊高大的守门天雕像，石像的头已经被砍掉。入口处的门楣十分有趣，门楣中间是罗摩和罗波那，其中罗波那多头多手的形象非常好辨认；东侧的门楣浮雕上有一艘小船，西侧浮雕刻画着楞伽之战的一个场景。

穿过塔楼后，稍向左转会看到放置在地面的一对门楣。这两块门楣十分有趣，其中一块人物众多，占据了中心位置的是一位呈站立姿态的神明，众人在他身旁膜拜，神明的长发罩着两个跪拜的人；另一块门楣则刻画着爱神迦摩死在妻子的怀里，湿婆为其火化的场景。这层围墙上有城墙齿，每个城墙齿都是

一个壁龛，里面有长着胡须的占卜者雕像。现在我们回到中轴线上，这里是一座由交错的穿廊组成的柱厅，柱厅的四面和四角都设有入口。

圣剑寺供奉毗湿奴，入口那座小巧的塔楼门楣上有毗湿奴化身克里希那的浮雕，为了保护自己的信徒，克里希那将哥瓦尔丹山（Govardhana）抬起，阻挡因陀罗释放的洪水。不远处有一座雕像基座，基座上有三个小孔，上面曾有毗湿奴的另一位化身罗摩，罗摩的妻子悉多，以及罗摩的兄弟罗什曼那的雕像，他们都是史诗《罗摩衍那》中的主要人物。在回廊内的西北角是一个小的“图书馆”，而在回廊的中央有一座塔殿，塔殿前有一间长长的廊厅，塔殿身后是一个厅室连通第二层围墙。

第二层回廊长98米、宽83米，回廊由红土筑成，没有塔楼，四角也不设宝塔，回廊中的两排立柱，但是现在已经不能在回廊中穿行了。继续在沿东西方向向前，您很快就来到第一层围墙，这层围墙呈方形（边长55米），这层围墙里有很多错综复杂的穿廊。只能通过连接第一层回廊和第二层回廊之间的塔楼进入这层回廊，回廊内院的西侧有六座带有内殿和门厅的小型建筑；南北两条回廊各设一座塔楼，塔楼两边不远处各开一道门，此外回廊的墙面上还设有开窗和廊柱，而带有壁柱东侧回廊的墙体完全封闭，入口由三个相同的建筑组成，在东侧回廊的两端有两个向东突出的建筑结构，在两座建筑物中间排列着六座塔殿，塔殿的门厅一律朝东。

P182：第三层围墙的西塔楼

P183上图：第四层围墙上的迦楼罗雕像

P183中图：第四层围墙内的引道桥梁，两侧是众神托起蛇神那伽形态的护栏

P183下图：第二层围墙内被一棵木棉树盘踞的小庙堂

从第一层回廊的西塔楼进入来到一个有十二根立柱的大厅，通往中央塔殿。进入中央塔殿之前，建议您先到连通柱厅西北和西南的两处内院。两个院子里各有一根带有楔子的柱子，三根沿着西回廊的叠涩拱结构的建筑，这些建筑看起来像是小庙堂（可能是丧葬纪念用的殿堂），此外东侧还有四座其他建筑，两座藏经阁以及两座小庙堂。这些建筑的装饰极为有趣，树叶形成的旋涡形精美图案，立姿女神与苦行者盘坐其中。另一处值得关注的景致是位于西南角的塔殿，这是保护得较好的塔殿之一，还是在这个院内，墙边的第二座庙堂的门楣上是一个站立的佛陀浮雕，这是为数不多的保存完好的浮雕。那些重建的痕迹，特别是那些一次次遭到损毁的佛像，不是被砸毁就是被林伽雕像代替，这些都是阇耶跋摩七世去世后婆罗门教复兴的结果，将圣剑寺等庙宇改造成印度寺庙就是结果之一。

中央塔殿四面均设有柱廊，16世纪时，人们在塔殿中央加盖了一座舍利塔（过去那里供奉着观世音菩萨-陀罗尼因陀罗跋摩的雕像），塔殿的墙上有无数的洞口，预示着墙上曾经挂着铜盘，而圣殿外曾经也覆着铜衣。而圣剑寺的石碑上确实有碑文记载着在建造寺庙的过

程中使用了1500吨铜。出了中央塔殿向左可以看到一座已经没有头部的雕像，可能是阇耶跋摩七世像，经过雕像身后来到北侧的塔殿，这里供奉着湿婆神。

穿过第一层回廊和第二层回廊北侧的塔楼，走到一个两脚的雕像基座附近，这个雕像是少见的湿婆神形象，向右转，观赏毗湿奴雕像，毗湿奴倚靠着神龙的化身阿难陀，毗湿奴的妻子拉克希米为他按摩双脚。

这时向左转，能看到一个多臂正在起舞的神像，人们认为这是舞王那吒罗阇。沿着南北方向前走，从第三层围墙的北塔楼出去，塔楼出口两侧各有一尊没有头部的守门天雕像。到了这里，建议您再走回中央塔殿，穿过塔殿走到第三层围墙的南侧塔楼，路上会经过南侧塔殿，这部分塔殿是为已故的高棉君王而建。可惜这片建筑已经完全损毁，但是在门框上残存两个精美的守卫石雕；右侧那尊守门雕像表情十分夸张，左侧的雕像则相对平和。您的右侧有一个观赏塔殿的绝佳视角，这里可以看到塔殿顶端保存完好的莲花形塔顶。出口的塔楼两侧各有一尊守门天石雕，雕像的头部已被破坏，显得狂野而神秘。

再次回到中央塔殿，您现在往东走，穿过一个柱厅和一片满是残垣断壁的空地。第一层围墙的塔楼内

P184—185大图：第二层回廊的墙面

P184下图：由佛像改成的苦行者雕像

P185上图：第一层围墙园内院的庙堂

P185中图：第一层围墙内院的穿廊

P185下图：位于第一层围墙内院的庙堂的墙面装饰

P186左上图：神态祥和的守门天壁雕

P186右上图：位于中央塔殿内殿的舍利塔

P186—187下图：舞者之厅中门楣上的飞天女神浮雕

P187左上图：第一层回廊塔楼上的浮雕，手举花环的姜金那利（Kinnari）

P187左中图：佩戴头冠的飞天女神浮雕

P187右上图：一个凶悍的守门天浮雕

有一块美丽的长条状的浮雕，浮雕就在屋内顶棚之下，浮雕四角是迦楼罗和姜金那利，上面还刻画着带有翅膀的女性，女性的一半身体是人类，一半身体是花朵植物组成的花环，他们正在向壁龛中的佛祖跪拜，现在壁龛中的佛祖像已不复存在了。

第二层围墙的塔楼面向一块方形的砂岩平台，平台的南北两侧被一堵红土墙面封闭，平台东侧与东侧砂岩入口处凸出的建筑相连，入口两侧各有一个小型厅室。有一棵高大的树木盘踞着南侧那间厅室，由此转变方向，您就看到塔楼门厅处的有一块隽美的石板，上面刻画着翩翩起舞的少女。还有几处这样的带有起舞的飞天女神的浮雕装饰着舞者之厅，大厅是一个多柱厅，四角设有假门。舞者之厅位于庙宇平台的东侧，长36米、宽26米，厅内共有102根立柱，拱顶采用叠涩拱和半叠涩拱结构。

从大厅的北侧出口出去，您就看到一条两侧有那伽形状的护栏的通道，与通道平行而立的是一座与众不同的厅堂，里面有32根3.5米高的立柱，这是高棉建

筑中第一次出现此类建筑。厅堂的东西两端各有一个门厅，门厅有两层，第一层是一个大厅，厅内的每面各有五个开窗，顶棚是木质结构上铺着砖瓦。没有通往第二层的路径，但是当时可能有木质阶梯通往二层。不论是粮仓还是存放圣剑的建筑，很多基于建筑用途的理论都得到了提升。在这栋神秘建筑的西侧有一个巨大的红土筑成的平台，通往平台顶端的阶梯两侧有狮子扶壁，这个平台很可能是为了举办各种庆典仪式而建，甚至可能是为举办火化仪式而建。在平台的后面，平台后面是第二层围墙一角的门厅，门厅前的守门雕像保存完好。

通往第三层围墙东塔楼的步道两侧是蛇神那伽形的护栏，沿着这条长106米的通道向前走，这是一条超级长的引道，一般引道的长度在40米左右。这条路连通着第三层围墙的双柱廊。从双柱廊出去后，您会看到一个长40米、宽30米的平台，通向平台顶段的阶梯两侧有狮子扶壁。沿阶梯下去是一条小路。沿着小路步行150米后，就来到了“火之屋”（这座建筑可能与火崇拜有关），这里已经得到了完好的修复。“火之屋”由一个前厅和一个长方形大厅组成，大厅北侧的墙面是封闭的，南墙有四扇开窗。大厅的拱顶采用了叠涩拱结构，中间是叠涩拱，两侧是低一级的半叠涩拱，因此从外侧看建筑内部好像有三间内殿。“火之屋”的西端有一座宝塔，塔顶是两朵莲花形状的塔刹。

从第四层围墙的塔楼出去，您会看到一排排天神与阿修罗雕像，以及一条大路，路两侧是两排立柱，左侧第一根立柱上还留存一尊佛像。

188上图：损毁的佛像下的浮雕，诵经的人们

188中图：第二层围墙的塔楼局部图

188下图：第三层围墙的塔楼

188—189大图：第三层围墙内的双层柱廊

189下图：阶梯旁的守门石雕

3

普赛普雷寺

参观指南

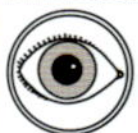

从圣剑寺外部绕路来到北侧塔楼，向前走750米之后，走上左侧的那条路，100米后，被称为“森林中的圣殿”的普赛普雷寺就出现在您的左侧。普赛普雷寺于阇耶跋摩七世在位期间修建，庙宇坐落于土质的地基之上，四周的围墙已化为废墟，东南方向有一座入口朝西的藏经阁。而在庙宇的东北方向残存一处红土地基。塔殿的塔顶有四层，东侧的门厅通向内殿，其他三面均连通着短小的走廊，走廊尽头设有装饰假门。普赛普雷寺的装饰和所有巴戎风格的庙宇一样，极尽奢华。

P190上图：红土筑成的围墙细节图

P190下图：庙宇以及藏经阁的建筑遗址

班德普瑞寺

参观指南

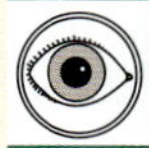

到达圣剑寺之后，绕过这座寺庙走到北侧塔楼门前，走上您左手边的那条脏脏的小路，沿路走750米。途经普赛普雷寺后，再走上150米就到了班德普瑞寺，这座被称为“森林中的城堡”的庙宇是阇耶跋摩七世在位时修建的。第三层围墙已经化为废墟，穿过这些废

墟后就来到了第二层围墙，长80米、宽60米，围墙之外由一条护城河环绕四周。第一层围墙的东塔楼呈十字形，由砂岩筑成，墙面上有窗帘低垂的开窗和巴戎风格的立姿女神壁雕。中央塔殿四面开门，外部有一圈长30米、宽25米的回廊，回廊四角有低矮的宝塔，回廊四面设有塔楼。回廊内院的西南角有一个带有楔子的柱子，其功用至今不明。

◆罗梅寺◆

罗梅寺坐落在班德普瑞旁边，最外层围墙圈围的面积很大，这里曾是圈养动物的场所。

P191上图：庙宇景观及细节图

P191中图：第一层围墙内的回廊以及带有莲花蓓蕾塔顶的塔楼

P191下图：带有立姿女神浮雕的壁龛

3

牛场寺

参观指南

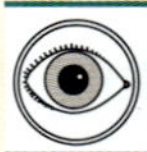

在去往涅槃宫的那条岔路往西约100米，有一条朝北的小路通向牛场寺，步行至少100米可以到达牛场寺。牛场寺外围有两层围墙，从阇耶跋摩七世在位时开始修建，牛场寺这个名字意为“牛园”。游览时，建议您采用东进西出的游览路线，穿过红土筑成的第二层围墙后，左转，在一棵树下的地面上还残存着一些城垛，城垛中是带有佛像的壁龛。再往前走，还是在地面上有一块门楣，上面刻画着擎起哥瓦尔丹山的克里希那（Krishna Govardana）的形象，对面的三角楣上则是观世音菩萨浮雕。穿过第一层围墙那座红土筑成的塔楼后，您会看到一座带有门廊的藏经阁，以及一座带有前厅的塔殿，塔殿的入口朝东，其他三面的凸起结构上设有装饰假门。塔殿没有封顶，然而这样才能看清叠涩拱的构造。

P192上图：位于地面上的楣饰细节图

P192中图：第一层围墙内的藏经阁

P192下图：带有立姿女神的壁雕以及窗帘低垂的盲窗

3

涅槃宫

参观指南

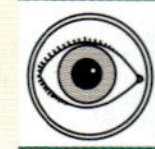

涅槃宫是吴哥遗址中重要的古迹之一。距离圣剑寺北塔楼2500米有一条长200米的崎岖土路通往涅槃宫。涅槃宫是一个边长350米的方形建筑，位于阇耶塔塔迦湖的中央，阇耶跋摩七世为了修建圣剑寺挖凿了这个人工湖，但如今它已经干涸了。建筑群原本有13座水池，现在已有5座完成了修复。主水池是一个边长70米的方形水池，中央有一座直径33米的圆形人工岛，岛的基座由红土筑成，上面有两条缠绕交织的，现代柬埔寨语称之为“Neak Pean”（涅槃宫）。人工岛上有一个直径14米、带有莲花图案的圆形平台，平台上的塔殿已经得到了修复，原本呈十字形的塔殿，修缮后变成圆形，两个门庭间的墙壁有一幅壁雕，描绘着群狮凌驾在几只三头象之上的场景。4个入口中的3个都被石板封起来了，石板

0　30米

图释

1 中央水池
2 位于四边的水池
3 庙堂
4 菩萨化身的飞马
5 人工岛
6 塔殿

P193：塔殿上的壁雕，蛇神那伽与观世音菩萨

上雕刻着观世音菩萨的浮雕。塔殿的几块三角楣上雕刻着佛祖生平的各种场景：其中北侧的三角楣浮雕刻画着佛祖从父亲的宫殿离开的场景，东侧的门楣则展示着佛祖剃度的画面，西侧的门楣佛祖盘坐在菩提树下，而南侧的门楣浮雕已经无法辨认了。塔殿有四层塔身，塔顶呈一朵莲花蓓蕾的形状。

塔殿旁边的水中复现一尊石雕是象征观世音菩萨的飞马，商人西姆哈拉（Simhala）和同行的商人们一起牵着飞马（Balaha），他们曾在斯里兰卡妖女出没的水域遭遇海难，多亏飞马营救才活下来。这里所隐含的象征意义是，借助菩萨的恩典跨越重生之海，最终达到了超脱一切烦恼的境界。

在主水池的四面各有一个边长为25米的方形水池，4个小水池和大水池之间有一个叠涩拱拱顶的建筑，人们后期在建筑上加了观世音菩萨的瓦檐饰和雕像。在这里，当通过4个带有不同罩饰的刻花龙头的导管将其倒入连通的容器中时，朝圣者便可以使用大水池中的水进行疗愈。其中一处位于东庙堂后面的水池呈女性半身像形态，这个具有人的特征的水池喷头代表“土”；在北庙堂，大象喷头的水池是“水”的象征；而在南庙堂，狮子喷头在病者身上洒水象征“火”；西庙堂中，马象征着“气”。中央塔殿可能暗指第五个元素，即超凡空间。这些建筑所代表的元素与印度传统医学阿育吠陀（Ayurveda）有关，阿育吠陀主张保持身体健康就要保证人体内的各类元素的平衡，某种元素过多或不足都会导致疾病。因此，缺乏哪种元素就在相应的水池中进行水疗。

圣剑寺的一块石碑详细记录了涅槃宫这座家喻户晓的朝圣之地，碑文告诉我们这里有14座神像，超过1000个林伽石雕，而这些林伽石雕的存在与这座佛教建筑并不构成矛盾，相反，在多种信仰并存的高棉帝国，这体现了印度教重视包容以及与不同事物的和解、融合的特点。当时，涅槃宫被称为

"Rajayashri"，意为"王国的财富"，涅槃宫也与拉克希米有关，在佛教和印度教信徒的眼中，拉克希米都是财富女神。

有学者认为涅槃宫代表着印度神话中位于喜马拉雅山上的阿那婆达多池（Anavatapta），传说众神在池中沐浴，阿那婆达多池也是印度四条主要河流的源头。因此涅槃宫中的两头那伽分别代表阿那婆达多池中的王和王后，池中的圣水用来献给统治整个宇宙的转轮圣王（cakravartin）。因此，阇耶跋摩七世（Jayavarman VII）为他的王国增添了一个不仅具有治疗作用的湖泊，而且是王家权力的来源。

P194：位于中央水池的人工岛上的塔殿

P195左上图：位于东南方向的庙堂中的叠涩拱结构

P195右上图：位于西北方向的庙堂

P195中图：面对塔殿而立的菩萨化身的飞马

P195左下图：东侧庙堂的人物头像

P195右下图：南侧庙堂的狮子头像

第四章
吴哥的中心

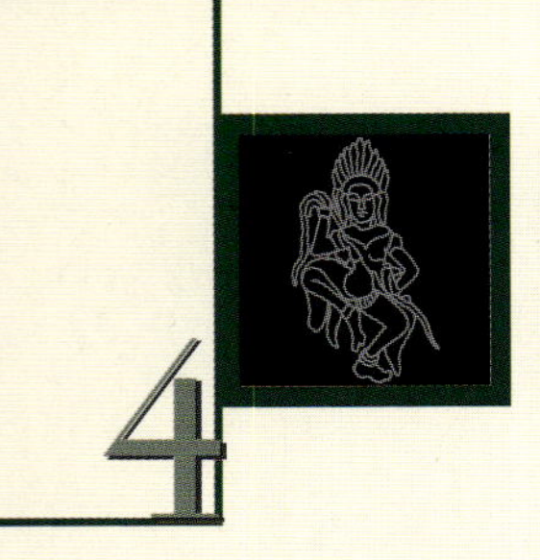

章节导读

吴哥王城中的遗迹非常集中，彼此距离很近，因此游客徒步游览王城就能大概了解高棉建筑的全貌，一窥当时的生活场景。沿着围墙向前走，王城的城门与门前的守门石雕向我们展示了高棉建筑如何通过具有象征意义的符号达到

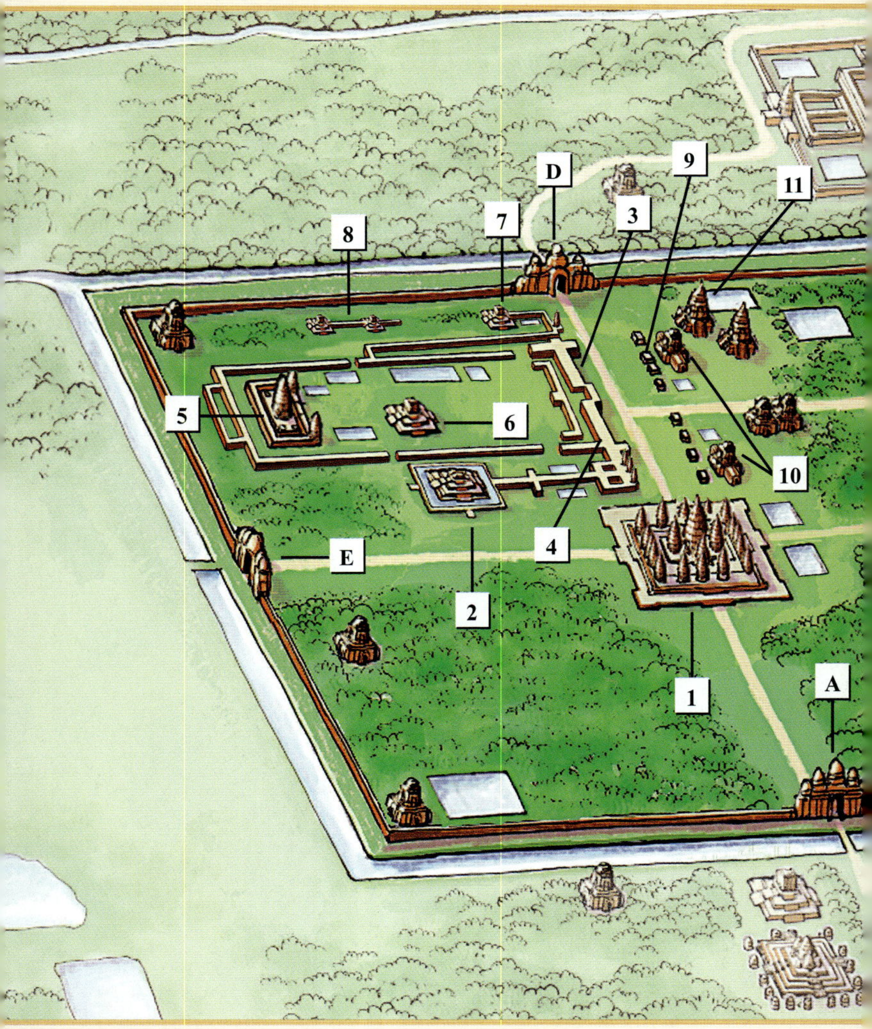

威慑作用，而非通过军事攻势起到防御效果。走进王城的围墙，中心是一座空中宫殿，是一处极具传奇色彩的古老殿堂。在王家广场四周，伫立着巴芳寺、癞王平台、战象平台、提琶南、十二塔庙、喀霖寺（其功用至今不明），这些极尽奢华的建筑昭示着昔日帝国的繁荣。构造复杂，令人眼花缭乱的巴戎寺是最后一座为神化君王而建的恢宏而庞大的建筑。这些巨大的建筑所构成的如海市蜃楼一般的景象已被繁茂的绿色植被侵吞，往日那人群熙攘的家园如今已成了梦幻般宁静的绿洲，圣皮度寺早已荒无人烟，只有普拉帕利雷寺中刻画佛祖生平的浮雕依然美丽如初。

P197：吴哥王城东门外景图

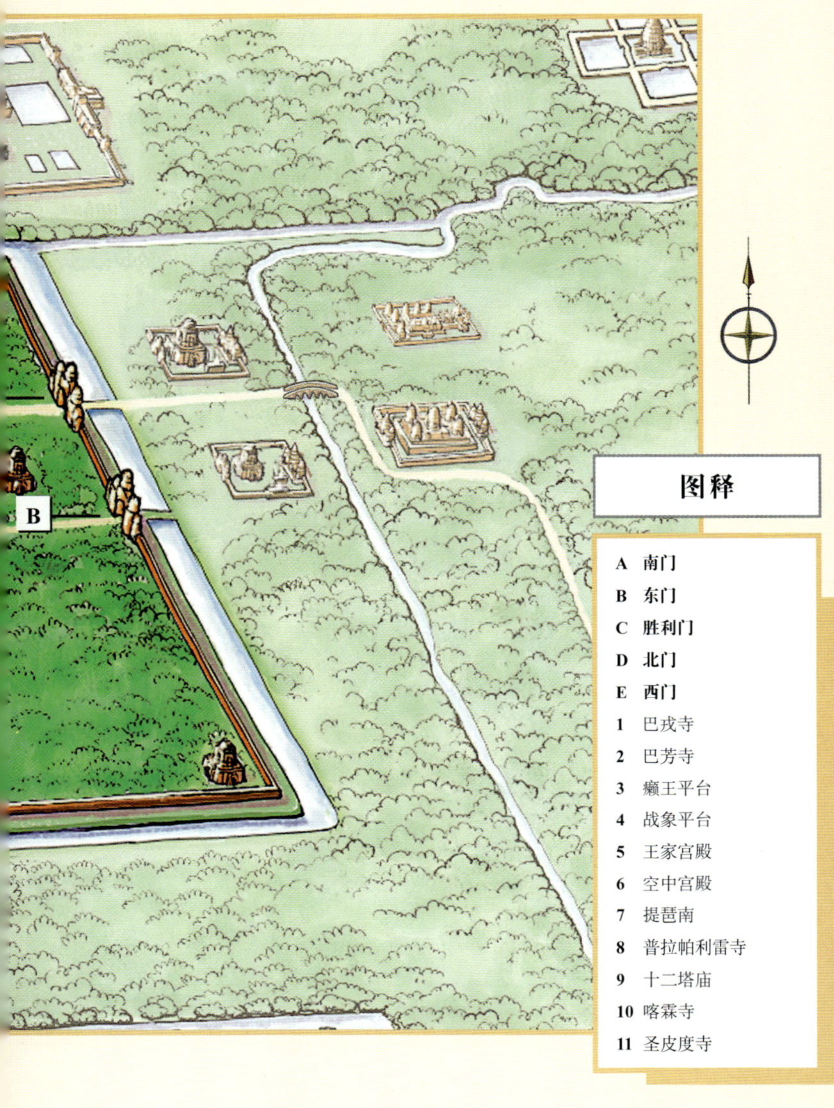

图释

A 南门
B 东门
C 胜利门
D 北门
E 西门
1 巴戎寺
2 巴芳寺
3 癞王平台
4 战象平台
5 王家宫殿
6 空中宫殿
7 提琶南
8 普拉帕利雷寺
9 十二塔庙
10 喀霖寺
11 圣皮度寺

4

吴哥王城

历史

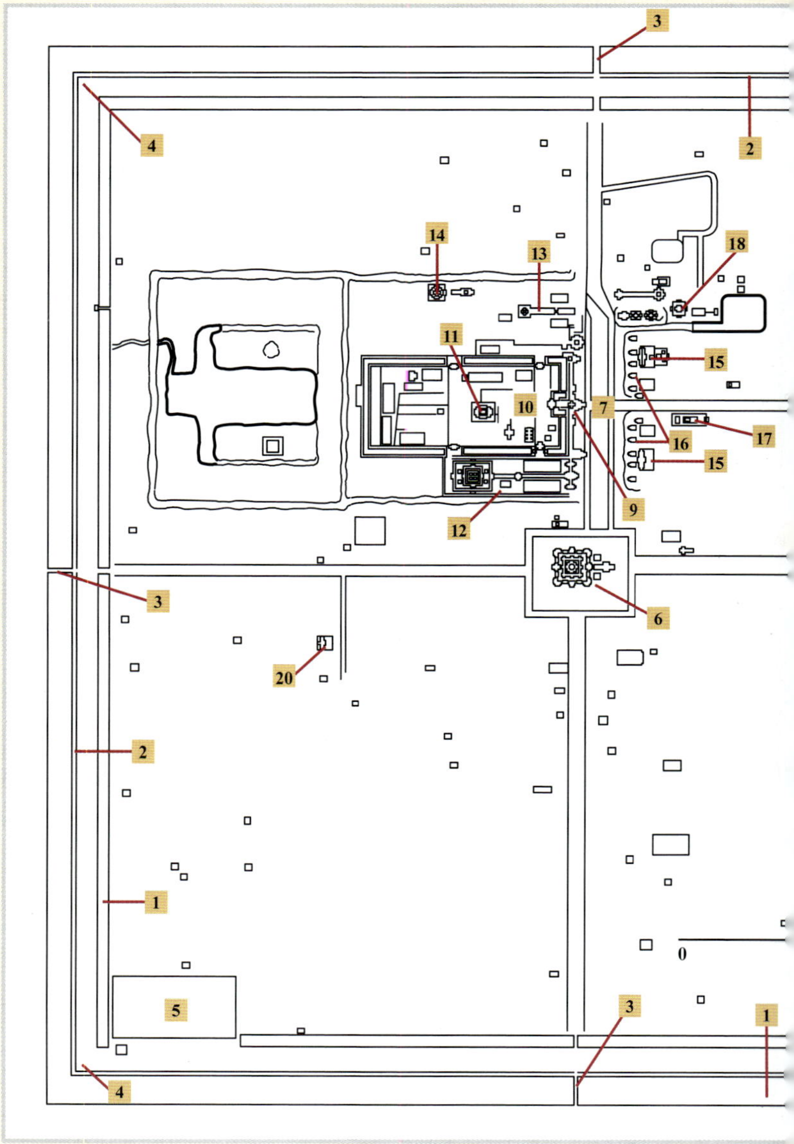

P201右上图：吴哥王城南门前的神像

吴哥王城是吴哥王朝的首都，也是东南亚历史上的宏伟都城，鼎盛时期人口曾达上百万。城墙之内生活着王室成员、祭司、高官以及臣子，墙外住着平民百姓。巴芳寺周围有一圈在优陀耶迭多跋摩二世时期就造好的地基，吴哥王城在这个基础上建成，王城周围有一圈巨大的红土围墙，围出了一块边长为3000米的方形场地，围墙之外有一圈宽100米、深6米的护城河。在高达8米的围墙内有一座15米宽的堡垒，堡垒四周还带有护墙。王城的四角有四座小型塔殿，名叫青戎塔（见图片），塔内的石碑记录着建立王城的相关信息。距离王城围墙100米的是一个40米宽的水道，这圈水道形成了王城内圈的一道界线，沿着水道有一条通道，用来阅兵和庆典游行列队。

P200：王城南门前，恶魔首领高举蛇神那伽的石雕

P201左上图：王城东门内侧

图释

1 护城河
2 城墙
3 城门
4 青戎塔
5 崩同水池（BENG THOM）
6 巴戎寺
7 王家广场
8 胜利之路
9 平台
10 王家宫殿
11 空中宫殿
12 巴芳寺
13 提琶南
14 普拉帕利雷寺
15 喀霖寺
16 十二塔庙
17 佛陀平台
18 圣皮度寺
19 摩迦拉陀寺
20 486号遗址

参观指南

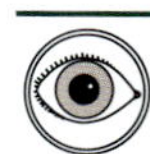

共有5个红土通道通往吴哥王城，它们穿过城外的护城河分别通向王城的5座高大的城门，王城四面的中点各有一道城门，第五道城门就是“吴哥王城胜利门”，是在王城的东墙加设的一道门，直通王家广场和王家宫殿。5座城门都足有23米高，城门的顶端的四面均有观世音菩萨面部雕像，而阇耶跋摩七世称自己是观世音菩萨的化身。大门的两侧是众神之王因陀罗的坐骑神象埃拉瓦塔，他正回头注视着骑坐在他身上的因陀罗。在这之上是一圈诵经的信徒的浮雕，再往上就是顶端的四面佛像。在到达吴哥王城城门的途中，有两排“巨人”：54尊天神石像在左，54尊恶魔阿修罗石像在右，他们手持蛇神那伽，每一尊石像都精雕细刻。

5座城门都连通5个通道，宽度从30米到40米不等，通道两侧是8米宽的水渠，水流沿着水渠汇入城墙内的水道。王城被划分成一个个方形的居民区，遵循印度传统的网格城市规划风格，街道纵横交织，以功能划分区域和建筑的位置。

5座城门中，南侧的城门是最有名的，也是保存最为完好的。

P202左上图和P203下图：观世音菩萨的面部雕像与诵经的信徒，以及观世音菩萨的面部雕像细节图

P202—203：王城南门前方引道两侧的众神与恶魔雕像

P202下图：王城南门前方一排恶魔中位于最末的恶魔雕像

P204左上图：吴哥王城北城门

P204右上图：西城门外景

P204下图：吴哥王城胜利门前的恶魔石雕

P205上图：北城门上的观世音菩萨的面部雕像

尽管多数庙宇都在北门附近，王城的北城门通常不在游客的游览路线之内；但北城门确实值得一游，除了大多已缺失头部的巨大石雕，那些（保存完好的）诵经者和三头象，还有戴头冠和珠宝装饰的观世音菩萨面部雕像，都值得一看。吴哥王城胜利门也是通往城内的一个通道，这道门附近没有水道，门前巨大的雕像残破不堪。去往东城门的路是一条丛林掩映下尚未修好的泥路：在穿过泥路之前您会经过一条神秘而令人向往的小径，小径在林中蜿蜒曲折，在您的右侧有一尊因陀罗的石雕，以及两尊诵经的仙女雕像。西城门最残破，但从这里到崩同和青戎塔的一路上都是美景，崩同是一座水池，整座王城的污水都排放到这座长400米、宽350米的水池中，最后由5个位于围墙之下的60米长的拱形水渠引到外层的南侧护城河中。

丛林中还有很多建筑遗址。478号遗址，即摩迦拉陀寺，这里留存的建筑不多，这是吴哥的最后一座建筑，是为阇耶跋摩七世的一位老师的儿子而建，通往寺庙的小路在树林的掩映下蜿蜒曲折，从吴哥王城胜利门西侧出发沿着小路步行200米就能到达摩迦拉陀寺。478号遗址原是一座10世纪修建的婆罗门寺庙，后在13世纪被改为佛教寺庙，寺庙也坐落丛林中，从巴戎寺出发向王城西城门走去，途中您会看到遗址出现在左侧。

P205中图：吴哥王城胜利门内侧

P205下图：王城南城门前的一排恶魔石雕

1177年，占婆军队席卷了因陀罗补罗城，阇耶跋摩七世驱逐了占婆军队登上王位。登基后的阇耶跋摩七世决定建造一座敌人无法攻克的城市。吴哥王城的防御工事不仅体现在建筑上，建筑上具有象征性的辟邪符号也起到威慑作用。建筑师从印度教的宇宙学中汲取了灵感：这座城市围绕着象征着须弥山的巴戎寺而建，整座城市就在这座山脚下，象征着须弥四州中的南州阎浮提（Jambudvipa），传说印度人就在此地繁衍生息，以这里为中心还有被海水隔开的六圈土地。此外，佛教宇宙学在吴哥王城也有体现，佛教宇宙学认为世界的外层被一圈石墙环绕着，而石墙之外是浩瀚的处于混沌状态的海洋，吴哥王城用围墙和护城河象征石墙和海洋。

阇耶跋摩七世建立的这座王城与“翻搅乳海”的神话也有关系，54位神明和54位恶魔，两个数字加在一起是108，刚好与王城108位保护神的数量一致。作为王家仆役的阿修罗们负责守卫王城，驱邪避恶。一排巨人石雕以蛇神那伽的七头雕像的头部开始，排尾是那伽翘起的尾巴。多头蛇既代表印度神话中婆苏吉，也是高棉文化中连接天地的彩虹的象征，彩虹是主掌降雨的神力仁爱的体现。

南门的神像与位于北门的恶魔像交相呼应，东门和西门也有对应的石像。光明之神与黑暗之神和两极之力一样缺一不可，二者对抗才生出了万物的活力。宇宙山，在神话中是须弥山，现实中是巴戎寺，它的旋转提炼出甘露的精华，正是这种仙馐才让吴哥王城成了至高无上的王城。因此，阇耶跋摩七世建立了这座受到神权庇护的王城，同时他利用这些神权确保自己王权的永存。众神之王因陀罗，也是卓越的战神，也在庇佑这里。

而观世音菩萨也在王城上空注视着整座城池，石雕上他的面庞按照国王的面部特征而建，充满关怀与慈爱，守护着这座王城，于是，这座具有印度教象征的寺庙由佛教的象征符号守护着，而这样的形式却越来越被大众所理解，不过当时的普通百姓并不能进入庙宇最核心最神圣的部分，因此对于那些印度神话的含义也了解甚少。

P206下图：吴哥王城门前的守门石像，神与恶魔

P207：阇耶跋摩七世雕像，12世纪，现藏于金边国家博物馆

巴戎寺

历史

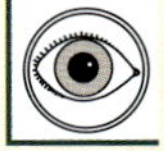

参观指南

将巴戎寺讲解清楚并不容易，因为这座寺庙经历了数次改建。长期以来，人们都认为这是一座印度教寺庙，直到1925年才将巴戎寺定为佛教寺庙。

吴哥王城的围墙有三层，这些围墙同时也是巴戎寺最外侧的围墙。从东侧走向巴戎寺，首先映入眼帘的是一个长72米、宽27米的平台，平台两侧各有一座水池。平台边沿是蛇神那伽和狮子的浮雕，平台通向第三层围墙的塔楼，这层围墙长156米、宽141米，围墙实际上是一圈回廊，回廊的内侧是封闭的墙面，外侧有双排柱廊，专家认为柱廊的半叠涩拱是后来加盖的。

P208上图：第三层围墙东侧回廊上的浮雕细节

P208中图：塔殿上观世音菩萨的面部石雕

P208下图：第二层围墙上的浮雕，行军队伍起舞的画面

P209：巴戎寺俯瞰图

P210—211大图：庙宇东北侧景观

P211下图：第三层围墙的内院

从塔楼进入后直接左转，穿过东回廊南翼，浮雕上军队在各种日常生活的场景中穿行，其中同行的还有占城军队，队列中还有圣火之舟，以及带有胡须的婆罗门，第二幕浮雕上有一只即将被送上祭坛上的水牛。南回廊西翼的浮雕上刻画着阇耶跋摩七世在洞里萨湖与占婆交战获胜的场面，浮雕上阇耶跋摩七世头戴倒置花朵形状的头盔。浮雕背景充满了各种细节，湖里的动物活灵活现，充满生气。在交战的场面中也渗透着日常生活的场景，十分生动，高脚屋里一口大锅煮着猪肉，扦子上也穿着猪肉在火上炙烤，浮雕上的家具和餐具与今天

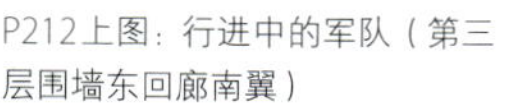

P212上图：行进中的军队（第三层围墙东回廊南翼）

P212左下图：军队的补给线（第三层围墙东回廊南翼）

P212右下图：占婆军队的头饰特点鲜明，非常容易辨认

高棉地区乡村使用的如出一辙。

集市上，男人们边喝酒边观赏斗鸡和斗野猪，上层浮雕描绘宫廷生活，公主们在穿衣打扮，贵族们正在下棋。平民头顶物品，赤脚前行，富人坐着轿子出行。回廊的西翼上刻画着军队行军的场面。西回廊的南翼有多处尚未完成的浮雕，其中有一处刻画修建庙宇场景的壁雕十分有趣，另一处刻画着打斗场面的浮雕似乎展示的是内战的场景。回廊北翼还留有碑文的痕迹，上面有留给工匠们的雕刻技法，竟然就这样流传下来了。在西北角的宝塔上有一座残破的雕像，是一尊骑坐在那伽身上的佛陀。回廊北侧西翼有各种节庆场景的浮雕，上面有表演杂耍的人，摔跤手，还有打斗的场景，画面一直延续到东翼，东翼有一块壁画，所描述的似乎是高棉人在躲避占婆人的追赶的场面。回廊的中央塔楼前有一尊守门天，雕像的头部已经遗失。回到塔殿的东侧，回廊北翼的浮雕刻画着另

P213上图：洞里萨湖之战壁雕细节图（第三层围墙回廊南侧东翼）

P213中图：第三层围墙，回廊南侧东翼壁雕，洞里萨湖之战

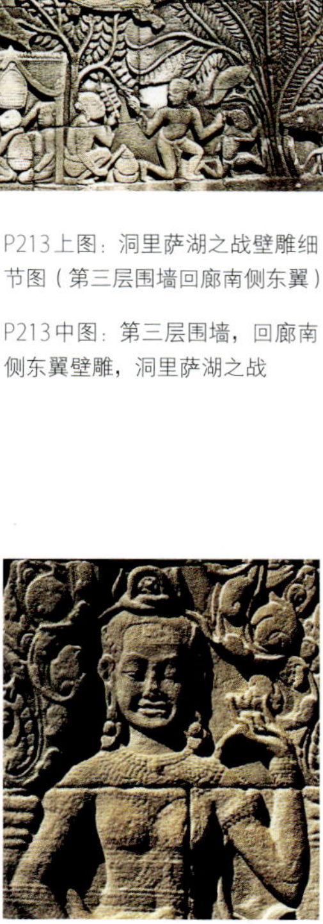

P213下图：手托鸽子的立姿女神

一场战争的场面。

第三层回廊的内院东侧两角，坐落着2座藏经阁。在这座内院里，您还会看到16个长方形建筑地基的遗迹，可能是在阇耶跋摩七世去世后被毁坏的，这些建筑与内院的墙面垂直而立，每面墙前面有4座地基遗迹，由于这些建筑是在第二层与第三层围墙之间，因此形成了16个小院落。建筑上设有带有浮雕的小门，形成了通向小院的通道。这16座建筑可能是供奉高棉以及所辖省份的神明的神殿。

通往第二层回廊的阶梯高达1.3米，第二层回廊

长80米、宽70米。回廊顶部是3个相连的叠涩拱结构，回廊的外侧是封闭的墙体，顶端是一个完整的叠涩拱，墙体上有浅浮雕壁雕和装饰墙柱；回廊的内侧带有开窗，顶端呈半个叠涩拱结构。回廊的四面均设有3座相连的塔楼，回廊的四角共有16座带有观世音菩萨面部雕像的宝塔。

而第三层回廊的壁雕上的人物不再局限于神明与君王，出现了很多平民的身影，这个时期的高棉帝国日渐衰败，百姓终于有机会和帝王齐身出现在同一画面中。第二层回廊的壁雕主题则呈现了另一幅景象，印度教主题占据了浮雕画面，学者们认为两层回廊浮雕主题的改变反映了阇耶跋摩八世在13世纪后半叶改信印度教这一转变。此外，由于回廊的墙体面积有限，壁雕多以单独场景呈现，或是小板块呈现，不再采用冗长的画卷壁雕形式。

P214—215大图：位于第三层围墙内院东北角的藏经阁

P214中图：带有守门天的塔楼与带有飞天女神浮雕的门楣

P214下图：塔楼，那伽形态的扶手，以及迦楼罗雕像

P215上图：刻有女神和守门天的壁龛

P215下图：第三层围墙内阶梯两侧的石狮与那伽形态的扶手

P216—217大图：第二层围墙南侧回廊的浮雕

P216下图：描绘随军乐队的优美壁雕

P217上图：对抗占婆军队的战争场景

P217中图：位于第三层围墙内，回廊南侧东翼的浮雕，描述斗野猪的场面

P217下图：位于第二层围墙内的浮雕，梳理头发的立姿女神

您由东侧的入口处左转开始游览。在回廊的南翼壁雕上刻画着被信徒环绕的湿婆，回廊南侧的东翼的壁雕描绘着溺水的男孩得救的神话，两侧分别是行军和宫廷生活的场景，西翼的壁雕是留着胡须的湿婆神和四臂毗湿奴，别忘了抬头看看您头顶绵延整个回廊的精美壁雕。

回廊西侧的南翼，毗湿奴打斗的场景与修建庙宇的场景交替出现，而北翼的壁雕则描绘翻搅乳海的场面。回廊南侧西翼壁雕描绘宫廷生活以及献身宗教的场景，同时还有三相神的两个场面，以及死在湿婆手中的爱神迦摩的神话场景。在回廊东翼，您会在此看到湿婆神壁雕，这次他与乌玛还有坐骑南迪一同出现，壁雕上还有毗湿奴和拉克希米。回到回廊的东面，东翼的壁雕刻画着两则神话故事同时也是高棉民俗的场景，一则神话讲述一个被囚禁在岩石中的女孩如何重获自由，另一个讲述的是一位被蛇咬伤患了麻风病的国王最后痊愈。

第二层回廊很可能是在初期十字形结构建好后改建的，通过在四角加建方形穿廊将原本的十字形结构变成长方形的回廊。回廊内侧的开放空间十分有限，简化为一个极小的内院，由于内院过于狭小看起来更像一口水井，第三层平台

P218：第一层回廊的宝塔上观世音菩萨的面部雕刻

P219上图：微笑的观世音菩萨

P219左下图：从第二层围墙的塔楼上看到中央塔殿的景象

P219右下图：第三层围墙内，中心塔殿的凸出结构

上的十字形平台几乎占据了第二层平台的所有面积。

东塔楼的两侧都设有阶梯，其他三面的塔楼只设唯一阶梯，这些阶梯都通往3米高的第三层平台。这层平台的是一个希腊十字平面，平台直径25米，距离底层平台43米高，平台上林立的塔殿顶端是佛陀面庞的雕刻，众多塔殿中间屹立着中心塔殿。四个厅室的两侧各有一座藏经阁，沿着四个厅室结构进入塔殿，先看到门厅，进而是柱厅，里面是两个相连的前厅。中心塔殿的西面、北面、南面各有一个十字形的塔殿，三座塔殿一面与中心塔殿相连，对侧连接着外围的回廊。平台上还有其他建筑，东南角有一个方形建筑，西北角和东北角各有一座长方形建筑。

如果您从东侧登上平台，向右转走向右侧的藏经阁，接着保持藏经阁在您的左侧绕着藏经阁走，一直走到栏杆的一角，在这个视角您可以欣赏到位于下层平台上的观世音菩萨雕像。围绕中心塔殿走上一圈，您会发现观世音菩萨的面庞无处不在，这些面孔具有阇耶跋摩七世的面部特征。根据学者保罗·穆斯（Paul Mus）的观点，平台上最初有54座塔殿，也就是有超过200张仁慈君主的面庞环绕着中心点，注视着他的高棉子民。然而，尽管观世音是菩萨，但这里却有佛王的象征意味。巴戎寺建筑群，为以观世音菩萨形象示人的君王而建，这位仁慈的君主保护着天下苍生，也是为君王最为人所知的形象——佛祖而建，而菩萨也是从佛祖衍生出来的。

中央塔殿得到了彻底的修复。中央塔殿建在一座十字形平台上，四面均设有庙堂，紧紧环绕在中央塔殿周围的是八个带有廊厅的圣殿，东侧的那座圣殿与中央塔殿的凸出结构连通。庙堂中可能供奉着已故的王室成员。此外，八个长方形的圣殿间是八个三角形建筑，其中位于中央塔殿凸出结构两侧的两个三角形十分窄小，很难辨认。这样的布局除了象征太阳（八个空间方位）和月亮（根据印度教的哲学代表学说“十六谛义”），中央塔殿仿照舍利塔建成了圆形，舍利塔是印度首创的存放高僧舍利子的建筑。八座圣殿同时还象征着法轮，法轮周围有八条射线，代表着佛教的八种途径，即信仰、决心、言语、行动、节制、努力、思想和集中。

您可以从东侧或西侧进入塔殿的内殿，内殿像洞穴一般黑暗，直径为5米，环绕内殿的是一条黑暗的绕行通道，这是一个供信徒顺时针绕行的通道，为了方便向神明右旋敬礼而设立了这样环绕圣殿一周的通道，内殿供奉着一尊6米高的佛像，佛祖盘坐在目支邻陀身上，目支邻陀用自己的七个龙头当作华盖庇护佛陀。这尊佛像具有国王的面部特征。阇耶跋摩七世死后掀起的婆罗门教的复兴中，佛像被粉碎，散落在地基上，1933年，有人发现了这尊佛像，拼接修复后存放在南喀霖东侧的平台上。

有一批追随着印度商人来到高棉的僧侣们，是他们最先将佛教传到高棉。人们将这派佛教称为小乘佛教（Hinayana，即Lesser Vehicle）。更准确的名称应该是“上座部”佛教（Theravada，即Doctrine of the Elders），其信众秉持佛教最初始最简单的信条，倡导道德训练以及简朴的生活，而不是形而上学式的玄想与神秘主义。而大乘佛教（Mahayana，即Great Vehicle）主张形而上学式的玄想与神秘主义，而这个派别的佛教在7世纪到8世纪间已传入当时的岗伽。大乘佛教的信徒将其视作对佛教悲悯众生教义的传递。大乘佛教之所以被冠以“大”字，就是因为其包含了对佛学奥义的参悟，其信徒认为小乘佛教缺少这些内容。密宗（Vajrayana）或金刚乘的程式十分复杂，是佛教极其神秘的一个派别，从现存的碑文和宏伟的青铜佛像来看，密宗在12世纪到13世纪间开始传播。

阇耶跋摩七世登基后，大乘佛教成为高棉帝国的国教。刚刚登上王位的国王受到佛教悲悯众生教义的启发，宣称自己是世界之王观世音转世。尽管阇耶跋摩七世已经悟道，菩萨本已六根清净，但是依然慈悲为怀普渡众生，这正是大乘佛教所倡导的悲悯慈悲。人们常把阇耶跋摩的爱妻阇耶拉雅王后与般若佛母、多罗菩萨关联在一起，阇耶拉雅王后和其他王室成员在死后成为全民瞻仰崇拜的佛教神明。

但是，一方面阇耶跋摩七世努力树立一个悲悯天下的君主形象，另一方面他疯狂地大兴土木，渴望永生永世统治天下，令百姓苦不堪言。因此大乘佛教没能在高棉帝国站稳脚跟，阇耶跋摩七世去世后，举国上下卑躬屈膝被榨干鲜血的人们很快摒弃了大乘佛教，转而信奉更为精简的小乘佛教，在后来的数年中，通过僧侣和部分信徒的传播，小乘佛教变得极度精简。

P220：巴戎寺塔楼石柱上的精妙浮雕刻画了舞动的飞天女神

P221：多罗菩萨雕像，人们将阇耶跋摩的妻子阇耶拉雅王后视作多罗菩萨的化身。现藏于巴黎吉美博物馆

巴芳寺

历史

在巴戎寺西北方向200米处坐落着巴芳寺，寺庙于1060年左右建成，位于优陀耶迭多跋摩二世国都的中心。由于高棉人的工程技术无法支撑他们的建筑宏图，这座格外巨大的寺庙山最终没能逃脱塌陷的结局：尽管石块之间使用了扣钉连接加固，建筑的基座还是无法承受回廊、塔楼以及位于四角的宝塔带来的巨大负荷。目前，修复这座庙宇的庞大工程正在进行中，还需几年时间才能完成修复工作。

巴芳寺坐落在一个长425米、宽125

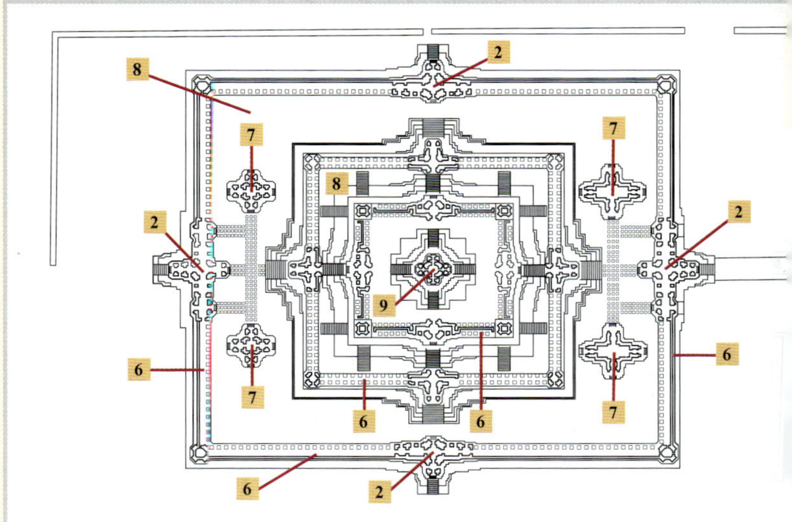

P224上图：第一层平台的造型与塔楼

P224下图：第二层平台的装饰浮雕

P225上图：十字形石亭的侧翼

P225左下图：十字形石亭的开窗

P225中下图：围墙的开窗对着王家宫殿

P225右下图：第一层围墙塔楼上的盲窗

参观指南

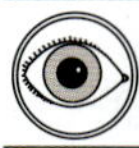

引道的一半处有一座十字形的石亭。

第一层平台环绕着一圈回廊，四角设有宝塔，入口塔楼已经得到了完善的修复，塔楼的造型十分有趣，由三个部分组成：方形的中厅两端各带一个厅室，中厅与两个厅室的连接处较窄。进入中厅后，前方是一条连通回廊内院的走廊，与中厅相连的部分是单廊，再往前分成双廊通向更高一层平台。位于两旁的厅室屋顶采用叠涩拱结构，中厅的屋顶则呈十分罕见的圆拱形状，平面图呈方形，这种拱顶叫“教堂拱”或“回廊拱”，圆拱最顶端有莲花花苞形状的装饰。上文中塔楼所在的回廊外层的墙体上有盲窗，内层围墙上设有开窗，盲窗和开窗上都有护栏，当时屋顶是木质结构覆盖着瓦片。

巴芳寺的第一层平台上散落着四座藏经阁的遗迹，两座在东侧，两座在西侧，这些成双而建的藏经阁之间曾有连通两个建筑物的通道。巴芳寺的第二层平台是一个双层平台，最上层有一圈狭窄的带有叠涩拱的砂岩回廊，里面有四排石块，在结尾处汇成两排，回廊两侧均设有开窗。回廊上的浮雕惊人的美丽，因此十分有名。但是，由于目前这里还在修复中，我们无法欣赏这些浮雕。

第三层平台与第二层平台一样是一个双层的平台，顶端有一圈回廊。第二层平台与第三层平台间设有阶梯，阶梯位于平台的四角，也许是为了便于到达位于四角的宝塔，但是这些宝塔看起来没有任何功用。巴芳寺的最顶端耸立着一座十字形的塔殿，这座塔殿的结构还没解析过。

下山时建议您穿过位于引道半路上的石亭（目前游客只能走这个通道），从您右侧的阶梯进入石亭，穿堂而出后保持在石亭的右侧行走，这时您会看到寺庙山底座上的灰泥，绕过巴芳寺来到寺庙山的西侧，在那您将看到巨型佛像遗址，16世纪的僧侣们从建筑上取材筑成了这些佛像。欣赏完佛像后原路返回，在巴芳寺的东北角穿过塔楼，来到了巴芳寺的另一个部分。

癞王平台

参观指南

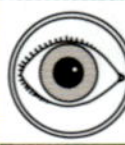

癞王平台在战象平台的北侧，如今我们看到的这座平台并非阇耶跋摩七世所建，而是他的继承者阇耶跋摩八世所建。癞王平台前方是一座王家广场，广场是一个边长为25米的方形，广场由半圈高6米的高墙围成，墙头上有七处神明的雕像，有五头、七头、九头那伽的石雕以及各种海中神兽的雕像。墙壁上的浮雕刻画着众神与他们的配偶以及随从在宫殿中生活的场景，一些人物面目狰狞，露出可怕的神情。走到第一层围墙后面，从西南角进入，您会看到法国远东学院在挖掘现场时无意间发现的第二层围墙，这层围墙也有上文所描述的同种壁雕。学者们对这样的构造给出了不同的解读。以菲利普·斯特恩为代表的学者认为，多一道墙是对整个建筑物的扩大，他们认为这样的设计是必要的，因为内墙有坍塌的可能，而他们找到的佐证是外墙有一部分尚未完工，能看出晚于内墙修建的外墙用了一些从内墙上取下的石块。而以乔治·克代斯为首的一些学者认为建造者有意用一层围墙掩盖另一层围墙，这样的设计寓意位于须弥山下的阴曹地府及里面的神灵。后一种解读当然更有趣，但这种观点其实也是基于癞王平台功用得来的，有专家认为平台可能曾用于举办丧葬仪式，火化王室成员的遗体。从西北角的阶梯登上平台，您会看到位于四座雕像中间的“癞王”的雕像，这座平台因此而得名。有人认为这是死神阎魔的雕像，这尊雕像可追溯到14世纪至15世纪，现藏于金边国家博物馆。

图释

1 战象平台
2 外墙
3 内墙
4 穿廊
5 癞王雕像

走廊
0 20米
3
5
2
1
4

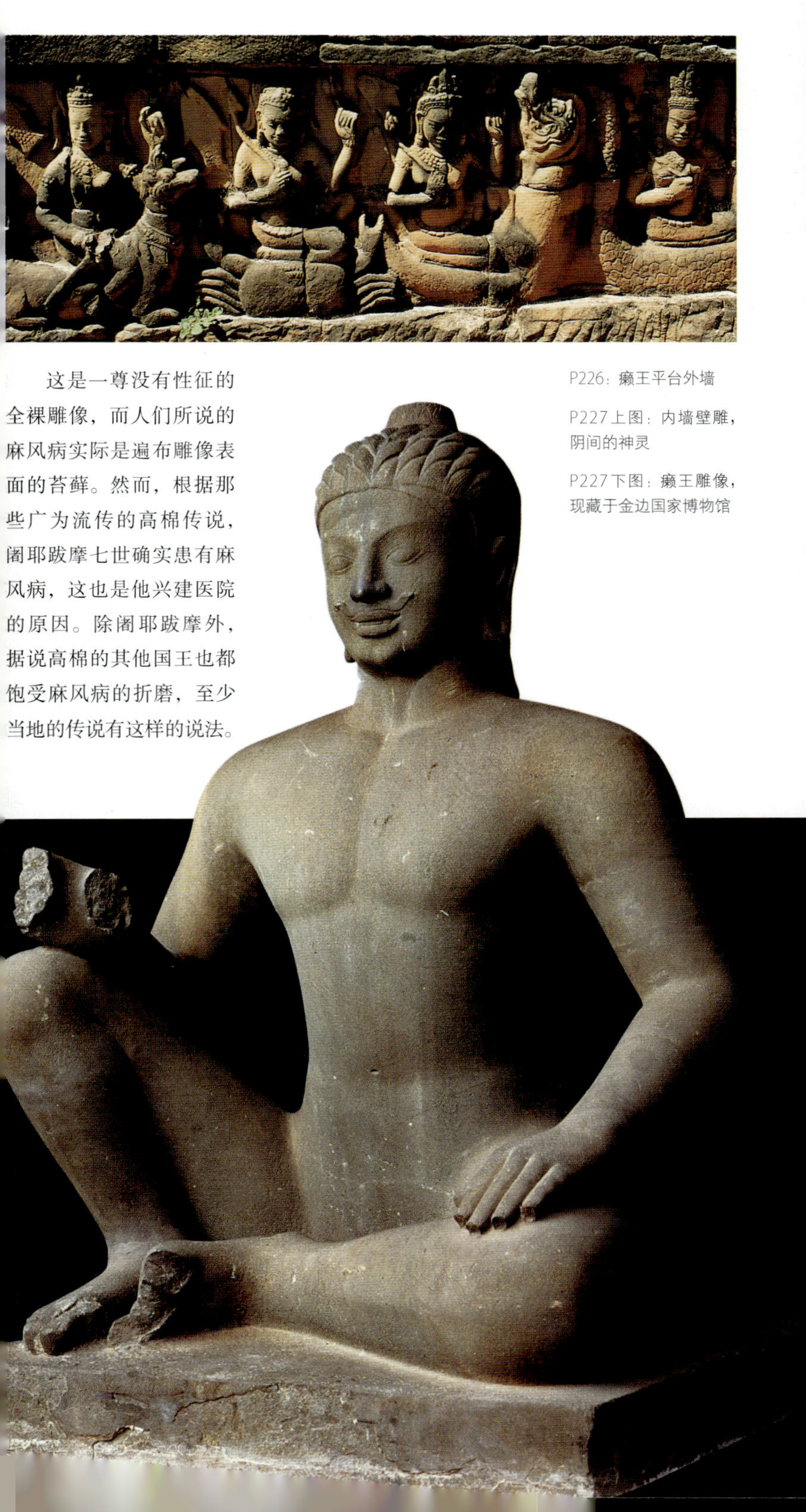

这是一尊没有性征的全裸雕像，而人们所说的麻风病实际是遍布雕像表面的苔藓。然而，根据那些广为流传的高棉传说，阇耶跋摩七世确实患有麻风病，这也是他兴建医院的原因。除阇耶跋摩外，据说高棉的其他国王也都饱受麻风病的折磨，至少当地的传说有这样的说法。

P226：癞王平台外墙

P227上图：内墙壁雕，阴间的神灵

P227下图：癞王雕像，现藏于金边国家博物馆

4

战象平台

参观指南

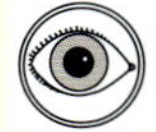

战象平台由阇耶跋摩七世修建，作为阅兵和庆典使用，只比巴戎寺的面积略大一点，紧邻巴芳寺的塔楼，俯瞰王家广场。王家广场的东侧有一条通向吴哥王城胜利门的大道，道路两侧各有六座宝塔。战象平台的长度超过300米，面向王家宫殿，尽管有部分墙体和通道是封闭的，这座平台在国王的住所中堪比阳台的功能。平台中间有三条阶梯，两端各有一条阶梯，所有阶梯都有三头象和蹲坐的石狮守卫，阶梯直通平台顶端，平台顶端的外沿有一圈那伽环形状的护栏。围墙高达4米，整面墙体的大象浮雕栩栩如生，令人叹为观止。中间凸出的阶梯上建有迦楼罗石雕，以及举起手臂抬起大腿的狮头石像，登上台阶

228上图：东墙上的大象壁雕

228—229：凸出的阶梯结构南侧景观图

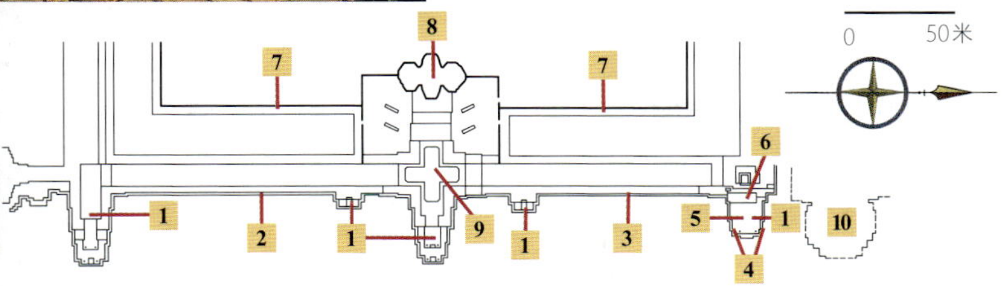

图释

1 凸出的阶梯结构
2 带有大象壁雕的围墙
3 围墙上的塔楼与狮像界柱
4 半圆形通道
5 五头马
6 带有莲花蓓蕾的平台
7 王家广场的围墙
8 王家宫殿的东塔楼
9 桓娑平台
10 癞王平台

P229上图：平台中部的凸出结构

P229下图：东墙上的壁雕，被麦穗鞭策的象群

走到左侧就能看四座极为精美的石雕。

底层平台带有各式装饰，有坐在莲花（或夜叉）上诵经的姜金那利（带翅膀的女性形象），还有梵天的坐骑的神鹅桓娑，平台上还有一层高架台。高台

上曾有一个木制亭子，屋顶铺有彩绘的瓦片，人们在附近发现了残存的瓦片。前方是一个十字形的平台，正对着王家广场的塔楼，平台也由神鸟桓娑支撑着。

如今的战象平台是几经改建的结果，平台的北侧有改建的痕迹，能看出平台在原有的基础上扩建，还修建新的阶梯，这两座新建的阶梯十分陡峭，分别位于平台的东侧和北侧。北侧和南侧的墙上的浮雕生动地刻画着竞技游戏的场面，表演杂耍的艺人，竞技中摔跤手，马车比赛，上面的墙体雕刻着马球比赛的场景，这是一种从印度传来的体育运动。考古学家在建筑群身后发现了另一道墙，墙体上的浮雕虽被火烧过，却保存完好。沿着阶梯走下去，就能找到这些浮雕，您会看到一匹身处士兵和舞女中间的五头马，东北角有一个大象石雕，它用鼻子将两个人倒挂起来。再沿着台阶登上平台，朝王宫的围墙走去，您会看到布满装饰花纹的那伽形状扶栏，还有一面两端是三头象浮雕的墙体，墙体上的浮雕刻画着混入众神之间的恶魔罗睺（Rahu），罗睺后来被分成两半，沿扶壁而上就来到了莲花蓓蕾形状的平台。

P230上图：北侧扶壁上的浮雕描绘着竞技游戏的场景

P230下图：北侧扶壁后侧挖掘出的五头马壁雕

P231上图：莲花蓓蕾平台前方的神像细节图

P231左下图：莲花蓓蕾平台

P231右下图：位于北侧阶梯扶壁两侧狮子和神鸟迦楼罗守护着阶梯

王家宫殿

参观指南

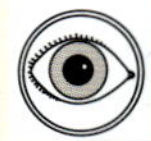

王家宫殿可能在10世纪罗贞陀罗跋摩二世在位的时候开始修建，苏利耶跋摩一世加以扩建，12世纪至13世纪，阇耶跋摩七世将其彻底改建。这片314公顷的土地被高达5米的红土围墙包围起来，南北走向246米、东西走向585米，围墙又被一圈护城河围住，后期又在护城河外侧加了一圈墙体。在这样绿意盎然的景观中漫步游览十分惬意，从战象平台的东塔楼进入，由南侧的第二个塔楼出去前往巴芳寺，或是从北侧的第二个塔楼出去，继续前往普拉帕利雷寺和提琶南，一路上探寻那些美好的景致。王家宫殿有五座塔楼，东侧有一座塔楼，南北两侧各有两座塔楼。

东侧的塔楼是主入口，这座塔楼的构造经过了精确的计算，在塔楼刚好能俯瞰由狮子和迦楼罗守卫的平台的全貌。可惜这座塔楼受到损坏，只留下了美丽的装饰，那些带有花纹图案的门楣。位于塔楼西侧的前厅，在左侧开窗的正上方和右侧开窗的正上方的部分，有一块十分有名的碑文，其中包一段宫廷的达官显贵对君王含苏利耶跋摩一世的忠诚誓言。

图释

1 护城河
2 围墙
3 王家宫殿的塔楼
4 战象平台
5 空中宫殿
6 男人池
7 女王水池
8 平台
9 塔殿

宫殿分为几个部分，却丝毫看不出房屋的痕迹，就连国王的寝宫也用了极易腐烂的建筑材料，当时高高的石质基座上有几个木质亭子，四面均有带扶栏的阶梯通向地面，屋顶形成了山墙，使整座建筑呈锥形，上面铺着涂有彩釉的瓦片，这些瓦片是在考古挖掘时发现的。

进入王家宫殿的围墙后，向左转，往南走，您会看到一个带有托臂筒形拱顶的建筑物，建筑上设有盲窗，盲窗上装饰着纤细的柱子，另一座建筑造型由

P232上图：两个水池，后面的一座水池被称为女王水池

P232下图：王家宫殿的北塔楼

P232—233：王家宫殿的东塔楼

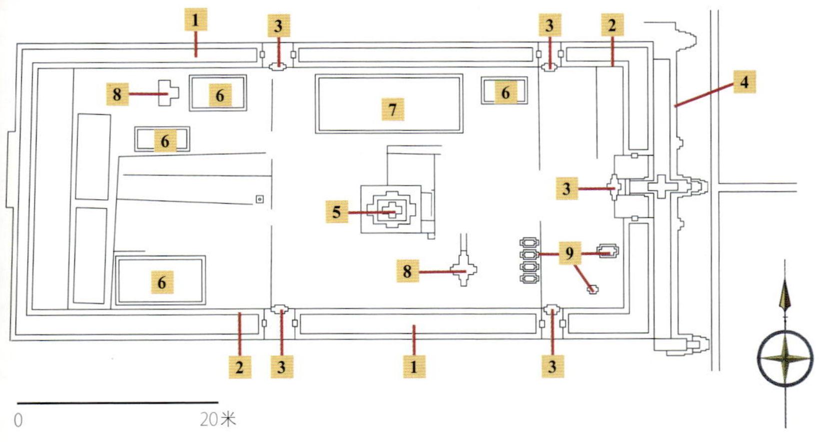

红土和砂岩筑成，有四个小宝塔，以及基座带有柱子的十字形平台，这个平台可能对整个建筑物起到支撑作用，这座建筑同样使用了易腐烂的建材，其建造时间可追溯到14世纪。站在这个位置，您右边是空中宫殿，转个方向，保持空中宫殿在您的左侧，一直向北走，会看到一片水池。一座水池名叫女王水池（Srah Srei,萨拉赛）或女人池，长50米、宽30米，水池四圈是层叠的砂岩阶梯。另一座水池极具观赏价值，名叫男人池，长125米、宽45米，四周的平台形成墙面，西南角的墙面上有刻画着迦楼罗、那伽、鱼以及海洋生物的浮雕，均保存完好。

走过水池，继续向西前行，您会看到另一处水池，水池周围的层层基座已被绿色植物覆盖，基座的侧面有大象、骏马、桓娑以及象征灵魂的神鹅浮雕，这些浮雕绘制于14世纪或更晚的时代。再往前还有两个水池，观赏性不大。从这往回走，穿过塔楼进入普拉帕利雷寺。再由此原路返回，往水池方向走，从面向巴芳寺的南塔楼出去。

P234—235：女王水池雕刻的阶梯与细节，一级级台阶上满是虚构的怪兽或者真实的动物，这些形象都栩栩如生

空中宫殿

参观指南

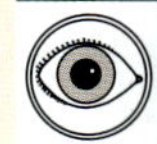

通过战象平台的中央阶梯，经过王家宫殿的塔楼，向东走250米即可到达这座圣殿。对于这座宫殿是罗贞陀罗跋摩二世修建的，还是苏利耶跋摩一世修建的，学者们持不同观点。宫殿呈长方形，基座宽28米、长36米，顶部长30米、宽23米，宫殿高达12米，是一座由红土筑成的三层金字塔形的寺庙山，最顶端是一座塔殿，塔殿上的部分砖石是从其他建筑上挪用的。

塔殿四面的阶梯十分陡峭，保存最好的是位于西侧的阶梯。阶梯两侧的扶壁上有守门石狮，平台的四角留存着大象石雕的遗迹。最顶层的平台上有一圈回廊，回廊上设有开窗和盲窗，这是第一个完全由砂岩建造的回廊，顶棚是三个并排相连的叠涩拱，回廊包括顶棚在内一律采用砂岩为建筑材料。铃铛形状的外拱顶上刻着瓦片的纹路。回廊十分狭小，宽度仅有1米，高度也只有1.67米，可能并没有实际功用。回廊的东侧和西侧的两端均设有假门。在这层平台上有一座五檐金字塔形庙宇，已经遭到严重损毁，四面的阶梯通向一个已成废墟的亭子。

空中宫殿的名字源于梵语中“vimana”和“akasha”两个词的变体，两个词意思是“神的宫殿”和“天”，根据中国使节周达观的记载，这座庙宇是由黄金建成的。因此，想必建筑的穹顶曾经也是金光闪闪的。

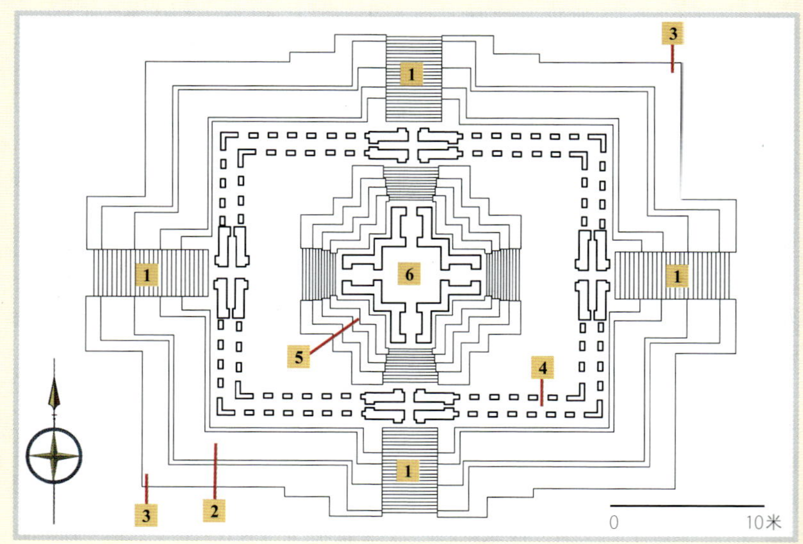

图释

1 阶梯
2 金字塔形寺庙山
3 回廊
4 塔殿的基座
5 塔殿

P236：王家宫殿的东塔楼

P237上图：庙宇东侧景观

P237下图：王家宫殿南侧两座塔楼中的一座

周达观讲述了一个发生在空中宫殿中的故事，故事的主人公是国王和那姬尼①，那姬尼是一个有着蛇的身体的女孩，是印度文化中家喻户晓的一个形象。每晚国王想去与妃嫔同睡时，就要编理由骗过那姬尼，否则他的国家就会遭受灾难。如果哪天晚上那姬尼没有出现，就意味着国王的死期将至。

在印度，很多贵族家庭认为自己是王子和那姬尼结合后所生的后代，受到这种观念的影响，高棉人相信这样的说法：拂南国最初的统治者，追溯其出身，是一位来自印度婆罗门憍陈如和名叫索玛的那姬尼所生的孩子。索玛是那伽龙王的女儿，那伽龙王是高棉文化中掌管土地的龙王，为了稳固自己的统治地位，保障国家的繁荣，憍陈如不得不向当地的守护神那伽龙王低头，与他的女儿结婚，周达观将索玛描述为多头、蛇身的那姬尼，在他的记录中，反复强调女性角色在王权合理化中起到的重要作用。

①那姬尼（Nagini），腰部以上是人、腰部以下是蛇，指雌性那伽，有时也用来代指那伽的配偶。

提琶南

参观指南

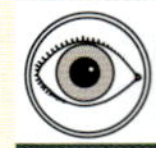

经过癞王平台后左转，就来到了提琶南，提琶南没有艺术观赏价值，只是一个祭拜场所。这里最初由耶输跋摩一世于9世纪修建，当时一同建成的还有一座寺院，如今几乎看不到任何痕迹，今天您所看到的提琶南是12世纪晚期和16世纪建造的。一条红土筑成的长75米的引道通向一座造型优雅的平台，这是一座边长30米的十字

形平台，平台底层是一个砂岩表层的基座，平台角落伫立着带有佛像的石碑。四个神情骄傲的石狮成卧坐姿态守卫着东侧入口，这些巴戎寺风格的石狮两侧是那伽形态的护栏。右侧有一些现代建成的舍利塔。佛像仍然是广受欢迎的祭拜对象，雕刻佛像所

用的石头是从其他建筑上挪用的，而佛像的头部则是更晚的一个时期建造的。佛祖呈降魔印[1]的姿态，双腿盘坐，右手触摸地面，以呼唤大地见证他降服了爱与死亡之神魔罗，并见证他的开化。降魔印是其中之一。一座木质的亭子中供奉着一座古老的雕像，可惜佛像前方有一块丑陋的金属板遮檐。此外，另一座污浊不堪的现代建筑中供奉着一座大型站立佛像。

P238上图和P239上图：位于亭子中的佛像及其细节图

P238下图：守门石狮

P238—239：石狮和那伽守卫的平台阶梯

①降魔印（bhumisparsa mudra），意为佛像的手，有各种不同的姿势，佛教称之为“印相”或“印契”。

普拉帕利雷寺

参观指南

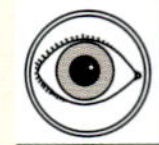

经过战象平台，左转，继续向前经过提琶南，再向前走几百米就来到这座瑰丽无比的佛塔面前，您也可以穿过王家宫殿来到这里，从王家宫殿东侧进入，从南侧塔楼出来。学者们推测普拉帕利雷寺建于13世纪末或14世纪初，判断的依据是寺庙中的佛像并没有被砍断，因此这座建筑并不是婆罗门教复兴的13世纪早期建成。这座寺庙的奇妙之处在于其包含了完整的佛教造像技艺。

一条33米长的引道通向寺庙，引道中间的一个双十字平台由一座带有神鹅桓娑浮雕的基座支撑，基座的四周是那伽形状的扶栏。位于东侧的阶梯上方有两尊守卫的石狮雕像。到达寺庙前，会经过一尊巨大的砂岩佛祖雕像，雕像被一个木质的顶棚保护着。寺庙由一圈单层的红土围墙环绕，围墙长度为5米，只在东侧设有一座十字形的砂岩塔楼；门口的守门天遭到破坏，只剩下脚的部分。

那些精美的门楣刻画着佛祖生平的各种场景。寺庙的东侧，有一座佛像，位于基座上的佛祖正接受信众的敬拜，而门楣上则雕刻着躺卧的佛祖已经圆寂（parinirvana，参见术语表）。右手边的朝向北面的一块楣饰描绘着这样的场景，佛祖正接受帕里利耶卡森林（Parilliyaka forest）中动物的献礼，普拉帕利雷寺的名字可能就源于这个森林的名字。左手边那款朝南的门楣刻画着菩提树下的佛祖盘坐在佛座之上的样子。北侧的山墙，位于下方的楣饰刻画着佛祖正在安抚凶猛的大象纳拉义利（Nalagiri），佛祖的堂弟提波达多（Devadatta）对佛祖心怀嫉妒，给大象下毒，让恶象去攻击佛祖。在塔楼的西

侧有一块中心门楣，上面刻画着妇女们带她们幼小的孩子去求得佛祖的保佑，这个场景下方是一排大象花纹装饰。右侧的山墙上有两块叠放的门楣，上面刻画着信徒们追随自己所敬重的大师，而左侧山墙的门楣上是佛祖从牧羊女苏加塔（Sujata）手中接过一碗羊乳粥的场景。

普拉帕利雷寺的圣殿包括一个高高的平台，平台上耸立着一座19米高的砂岩塔殿，周围高大的树木将塔殿掩盖其中。走廊内的一块门楣，描绘着一只张开大嘴的神兽摩伽罗支撑着坐在神象埃拉瓦塔身上的因陀罗，这是一块极为精彩的浮雕。

图释

1 平台
2 通道
3 塔楼
4 围墙
5 寺庙山
6 塔殿

P240上图和右下图：位于塔楼西侧南端的门楣，坐在菩提树下的佛祖浮雕，及其细节图

P240左下图：塔殿的东侧

P241：塔殿的西侧，南侧山墙

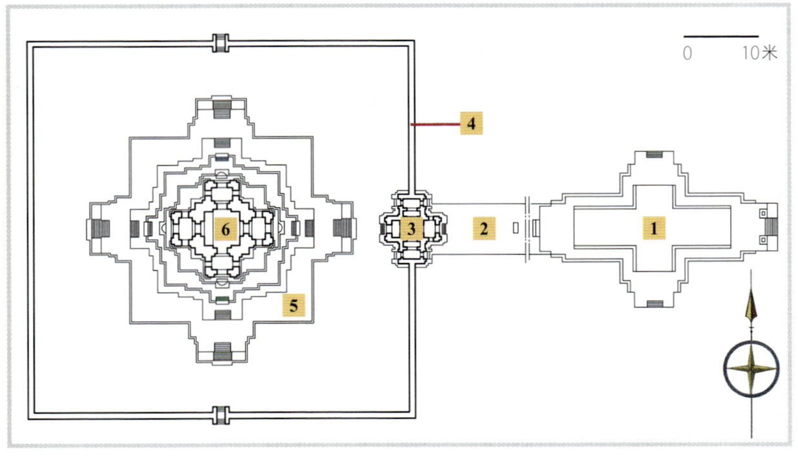

十二塔庙

参观指南

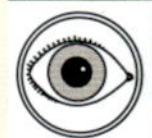

十二塔庙中的十座都排列在王家广场的东侧，五座塔庙为一组分别位于吴哥王城胜利门的引道的两侧，塔庙的入口都面向广场。另两座塔庙在比较靠后的位置，入口朝向通道，也就是彼此相对。有一座宽10米的长条形红土平台通向塔殿，一直延伸到塔殿入口的门厅。十二塔庙由红土筑成，建于因陀罗跋摩二世在位期间（13世纪的前半叶），塔庙中有砂岩门楣和楣饰，塔顶分为两层，有那伽形状的瓦檐饰做装饰，塔庙内部结构由入口的柱厅和三面开窗明亮通透的长方形大厅组成。按照当地的传统，这些塔庙是为走钢丝的艺人建造的，他们会在绑在两座塔庙上的钢丝上行走，因此现在的人们称这些塔庙为“钢丝舞者的庙宇”。周达观的记载对塔庙的用途提供了另一种

说法，当发生争端时，就把当事人关在塔庙中，几天后，犯错的一方必然会生病，塔庙成了断案的工具。由于十二塔庙朝向王家广场，一些学者认为这里是阅兵时官员和外国使节的观礼台。不管怎样，塔庙的用途还是一个未解的谜题。

P242上图：用古高棉语写成的碑文

P242中图和下图：十二塔庙

P243上图：北喀霖

P243下图：北喀霖的西侧

4

喀霖寺

参观指南

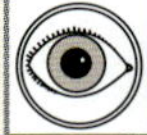

在十二塔庙身后有两座造型相同的高大建筑俯瞰着王家广场和吴哥王城。与上文提到的十二塔庙一样，喀霖寺的功用同样存在争议，但是这座建筑绝不是它名字所暗指的那样是一座仓库。一些专家认为这里曾作为贵客的住所使用。两座宽48米、长90米的水池坐落于两座建筑的旁边，也就是通向吴哥王城胜利门的通道两侧。

北喀霖，建于10世纪与11世纪之交，可能是阇耶毗罗跋摩下令修建的，这是一座造型别致的建筑，长度超过60米，却只有4.7米宽，建筑的墙体是厚达1.5米的砂岩墙面，建筑前

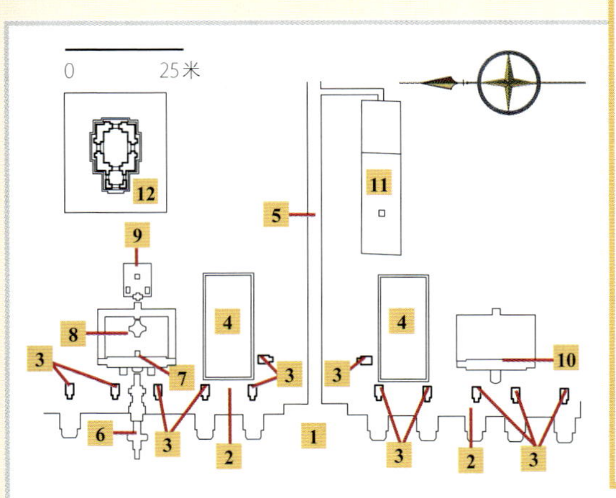

图释

1 王家广场
2 与凸出结构相连的平台
3 十二塔庙
4 水池
5 胜利之路
6 平台
7 北喀霖
8 带有塔殿的院落
9 带有藏经阁和塔殿的围墙
10 南喀霖
11 佛陀平台
12 十二塔殿细节图

面有一座朝向王家广场的十字形平台。支撑建筑的高高的基座侧面布满了植物花纹和菱形图案的浮雕装饰。您从西侧的带有四扇开窗的前厅进入北喀霖，向里走，来到一个方形的大厅；这里同样有大大的开窗，十分通透明亮，从这里延伸南北出两翼，而两翼的尽头各有一个小厅，每个小厅的东侧都设有一扇门。建筑外部的檐口装饰打破了人们对原有屋顶的猜测——有人认为最初的屋顶是在木质结构上铺以瓦片。中央大厅的东西两侧的门楣上有着华丽繁复的旋涡形花纹浮雕。大厅的东侧是另一个走廊，通向带有塔殿的院落，塔殿上有塔殿形状的瓦檐饰，非常值得一看，塔殿的入口朝西，设有非常精美的假门。再往前走一段，您会看到一圈带有苕楼的红土围墙，围墙西侧已残破不堪，围墙内有两座藏经阁，内院中央是一座小小的希腊十字形圣殿，圣殿坐落在一方平台之上，平台的墙面有精心装饰的浮雕，圣殿的三面设有假门，四面都有阶梯通向平台之下，圣殿的墙面上刻有舞者浮雕。

南喀霖的建造时间比北喀霖略晚，规模也更小（宽4.2米、长45米），此外两个建筑物还有一些不同之处：南喀霖的平台同样十分规整，但没有北喀霖平台上的装饰花纹，南喀霖虽然也是一座长条形建筑，却没有方形的中央大厅，而是由两个厅室组成，并在两端设有假门。由于缺少装饰，南喀霖在观赏价值上略显逊色，但是南喀霖内有很多造型

优雅的立柱，这些柱子框出位于建筑南侧厅室的东侧的门厅。南喀霖的另一个入口在东侧，这里可以通向一处石碑林立的通道。

沿通向吴哥王城胜利门的引道一旁，在南侧水池的前方，有一座宽35米、长128米的红土平台，上面装饰着狮子和大象的石雕，在一个与环境十分违和的现代亭子下有一尊巨大的砂岩佛像，1933年人们在巴戎寺中央塔殿的一口井中被发现了这尊佛像。佛像的造型是典型的高棉佛像风格，佛祖盘坐在那伽龙王目支邻陀身上，菩提树的树根就是目支邻陀的栖息之处，一日暴雨倾盆，目支邻陀保护佛祖为其遮挡风雨。这样的动物形象既代表早期残暴的统治受到佛祖教化的感召，也说明那些危险的原始力量逐渐皈依佛祖。将身体蜷曲三圈的目支邻陀变成一个佛座让佛祖坐在其上，并张开他多头的身体部位放于佛祖身后，仿佛一个遮风挡雨的遮篷。那伽的兜帽代表着佛祖打坐的菩提树和智慧或菩提（bodhi），那伽身体蜷曲三圈代表着世界的三个分级（土地、气和天空）以及佛祖的三宝（佛宝、法宝、僧宝）。

P244：北喀霖的内部

P244—245：位于十二塔庙后的南喀霖

圣皮度寺

参观指南

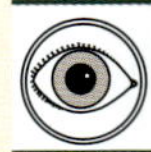

圣皮度寺建筑群位于王家广场东北角的东侧，这是一个僻静清幽，引人入胜的角落，水池与护城河环绕着五座圣殿，可惜水池已残破不堪。一座十字形平台上装饰着经典的那伽形状石雕，平台上四面带有守门石狮的阶梯、假门，位于壁龛中的神像，以及随处可见的修饰细节，都会给一个渴望探索吴哥遗迹的游人无尽的视觉享受。

第一塔殿，编号“481T”，塔殿前有一个宏伟的十字形双层平台，平台由众多造型优雅的小立柱支撑。穿过西塔楼，会看到散落一地的碎片，在这些瓦砾中也许您会有特别的发现。塔殿坐落在一座三层的十字形寺庙山上，每一层都有装饰，并设置了阶梯。内殿的四面各有一个厅室连接外部，遗憾的是，如圣皮度寺多数塔殿一样，这座塔殿已经坍塌。迷人的立姿女神身着花朵图案的裙子，站在一众舞者中，十分出众。建筑中使用的十六棱柱也分外迷人。

从东侧塔楼出来，您向前走就来到了一座编号为“482U”的塔殿，墙体上设有一个十分简单的入口。“482U”较“481T”更小，但二者结构一样，这座塔殿只有两个部分被保留下来，其他部分均已毁坏。北侧的门楣，上面刻画着翻搅乳海的场景，南侧的门楣，刻画着坐在伽罗身上的毗湿奴和克里希那；西侧的门楣则描绘了三相神梵天、毗湿奴、湿婆，其中位于中间的湿婆神在翩翩起舞。塔殿的墙壁上刻画着精美优雅的浮雕，在宛若挂毯一般华美的背景之下，立姿女神和飞天女神脱颖而出。

距离塔殿“482U”50米的位置，

P246上图：塔殿“484V”四周的多头蛇那伽石雕

P246下图：塔殿“481T”对面的平台上那伽形状的扶栏

P246—247：寺庙山

P247上图：塔殿“482U”东南侧

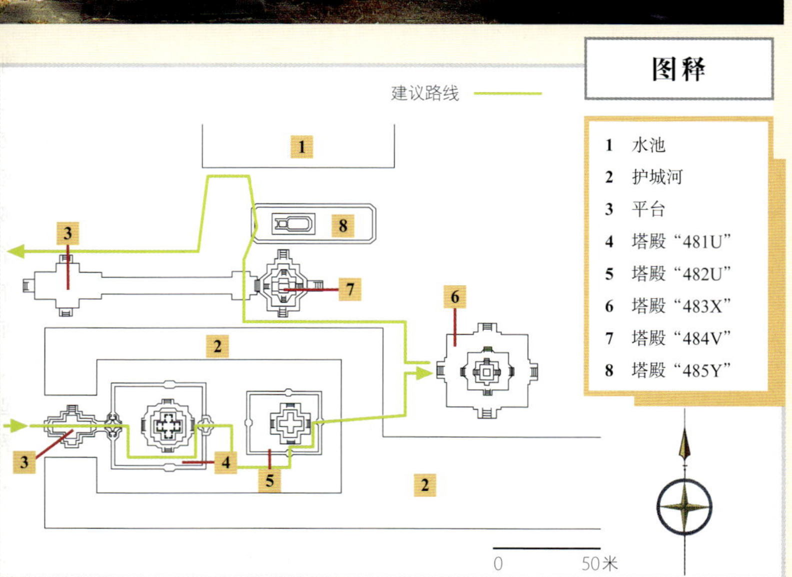

曾有一条护城河，现在这里是塔殿“483X”，这座塔殿不设围墙。有一座边长为40米的方形平台，平台上还有两座更小的平台，每个平台的四面都有阶梯通向平台顶端。进入十字塔殿的内殿前，穿过十字塔殿的前厅，就来到了内殿，这里有两块拼接在一起的长条形浮雕，上面是以佛教为主题的佛雕，位于东侧的那块上出现了开悟的佛陀。佛教造像艺术在印度文化中十分普遍，圣皮度寺就是一个很好的例证，因此，学者克劳迪·雅克（Claude Jaques）认为这块浮雕可追溯到14世纪。塔殿“483X”的东侧，在一座由典型的佛教石碑围成的圣地赛玛斯（semas）中，有一排阶梯，阶梯两端各有一座大象石雕，上面布满了华丽的植物装饰花纹。

现在向西走，您会看到“484V”，

P248—249：位于西北角的塔殿“483X”

P248下图：基台上的守门天浮雕

P249上图：塔殿“481T”前，位于平台上的圆柱

P249下图：南侧的塔殿“484V”

这座塔殿同样没有围墙，但有一条70米长的引道通向一个大型十字平台，平台宽35米、长55米。

这座塔殿内包含一个常规内殿和四个前厅，带有一个精心设计的东翼，塔殿位于一个低矮的三层十字形砂岩寺庙山上，每一层平台都有大象图案的装饰浮雕。塔殿的东侧入口旁，在您的左侧有一个石碑，上面刻画着水神伐楼拿骑坐在神鹅上，塔周围布满了多头蛇那伽形状的装饰图案。

由此向北约15米是位于黄土平台上的塔殿“485Y”。这座塔殿的造型与前面几座完全不同。它位于一座长方形的亭子内，入口位于东侧，前厅设有两扇门，内殿西侧有一扇假门。这是典型的印度庙宇的结构布局，曼达波、过厅和胎室[1]。亭子的西侧，北面的浮雕描绘着身骑迦楼罗的毗湿奴对抗多头多臂的恶魔伯纳；南面的浮雕则表现毗湿奴在大女神托举的莲花上迈出三步的场景，而在这个画面之下是一个宫廷场景（参见豆蔻寺）。

向北走约50米，您会看到一座巨大的水池（长100米、宽75米），这里十分荒凉，也格外幽静。由此返回，走通向塔殿“484V”的引道，可以到达王家广场。

①胎室（garbhagriha），即内殿，是吴哥寺庙中的最核心的部分，寓意孕育宇宙的子宫，通常在这里供奉神灵。

第五章
高棉王国的遗产

章节导读

在考古公园内，除了热门景点外，在班迭萨雷和班迭哥迪两个建筑群周围还有一些值得一看的景观。两座建筑都如城堡一般，但是建筑结构和建造年代不同。班迭萨雷的建筑结构紧凑，布局精巧，有精美的门楣装饰，犹如一座精缩版的吴哥窟，而班迭哥迪的规模宏大，结构也更为复杂，这座大型的王家建筑中举办了无数的庆典仪式。游览班迭萨雷时，可以顺带参观一下位置偏远的布寺（需要走一段山路，可能会很累），游览班迭哥迪时，可以一道参观王家浴池，如果您不想错过考古公园的每一处景观，也可以绕路去参观库提斯跋罗寺。在感受了吴哥的伟大建筑之后，地处幽静山林的青戎塔，塔内寺将给您更多空

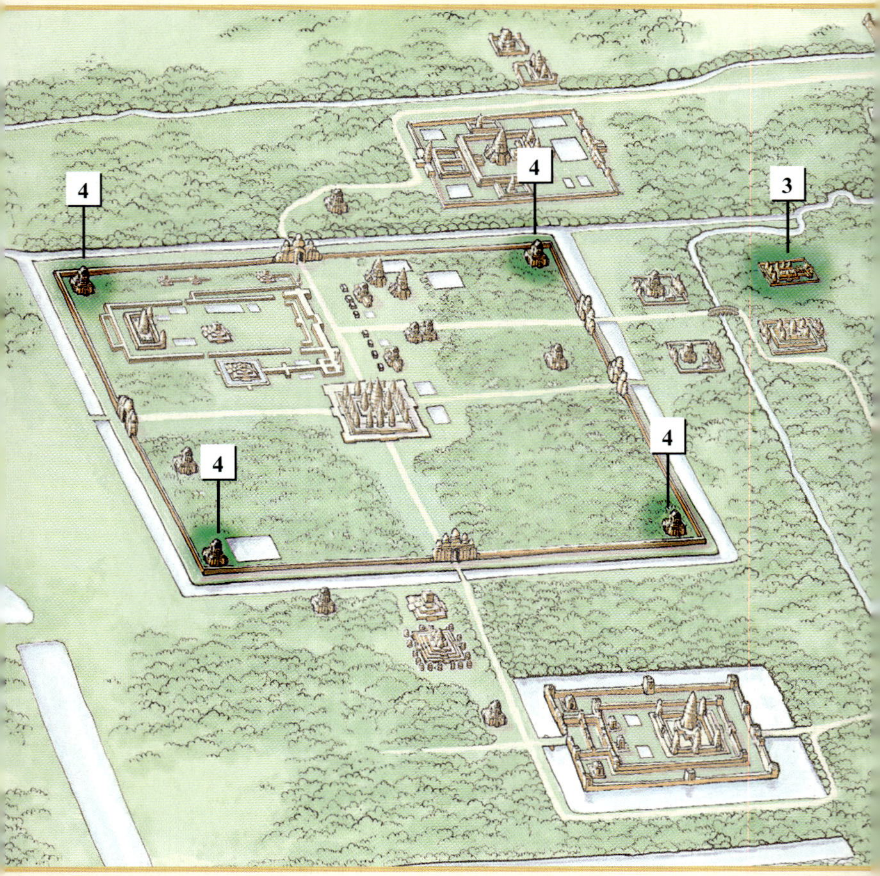

间去沉思，去感受自然，大自然是所有历史建筑的天然幕布，同时大自然也是无处不在的，它无时无刻不在吞噬着这些建筑，甚至摧毁这些建筑，抹去人类在这里留下的印记。

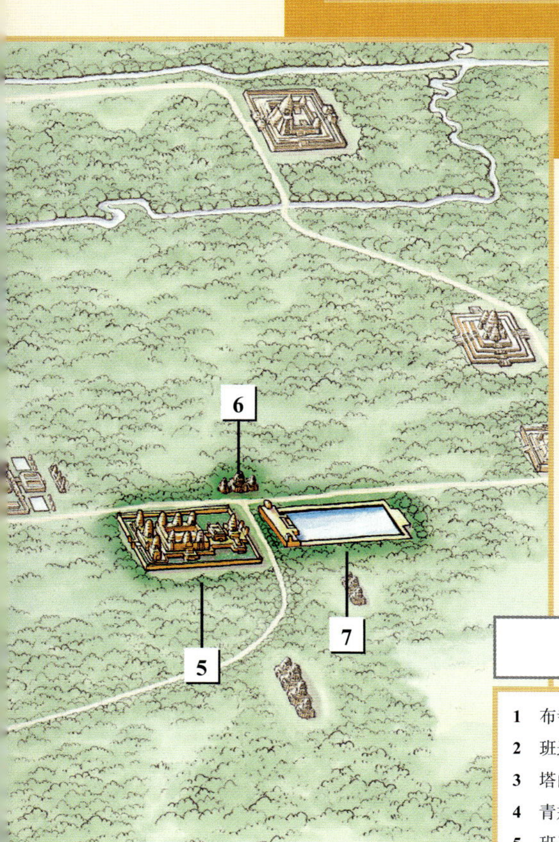

P251：班迭哥迪门楣上的细节，一尊微笑的佛像

图释

1 布寺
2 班迭萨雷
3 塔内寺
4 青戎塔
5 班迭哥迪
6 库提斯跋罗寺
7 王家浴池

5

班迭萨雷

◆布寺◆

距离班迭萨雷4000米米的地方有个名叫切里（Tcherey）的村子，海拔235米，因此通往村子的路很不好走。布寺的建造时间与巴肯山相同，是耶输跋摩一世为供奉三相神修建的，布寺的周围建有围墙，围墙内的平台上有三座红土塔殿，以及两座砖石建筑和两座砂岩建筑，其中三座红土塔殿经过多年风雨侵蚀已基本毁坏。塔殿东侧有一个长方形的深沟可能是一座水池。布寺中最重要的部分就是一个林伽石雕，摆放在一个高4米、直径1.2米的圆柱基座上，可惜石雕已被砸碎。

历史

一些学者认为班迭萨雷是苏利耶跋摩二世或他的某位大臣所建，另一派学者认为班迭萨雷是由他的继任者耶输跋摩二世修建，至少一部分是由耶输跋摩二世修建。这座庙宇坐落于东池附近，哥窟之后最重要的建筑，在这座建筑群中，它没有采用垂直布局，而是利用水平布局让整座建筑的架构达到完美的状态。它的名字意为“萨雷（Samré）城堡”，以荔枝山附近的萨雷地区命名。

处在一个非常偏僻的位置。在东梅奔前方300米的地方，沿着一条朝东的小路，经过名叫普洛达克的村庄，再往前走2000米。

同时代的建筑中，班迭萨雷是继吴

P254上图：柱子基座上的浮雕，壁龛中诵经的修行者

P254下图：建筑二的装饰细节，处于中心位置的伽罗浮雕

P255上图：班迭萨雷俯瞰图

P255下图：假门的细节图

图释

1 塔楼
2 第二层围墙
3 第一层围墙
4 平台
5 藏经阁
6 曼达波
7 塔殿

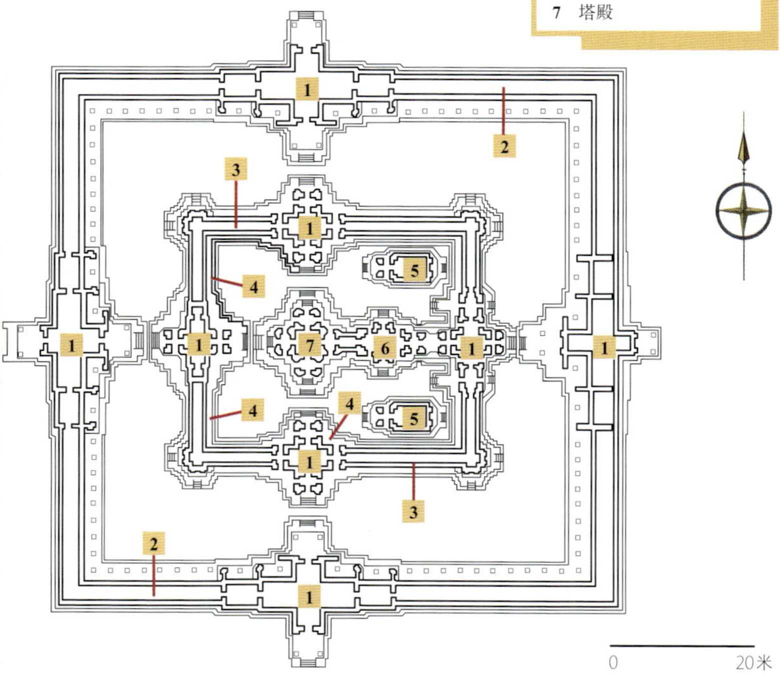

0 20米

参观指南 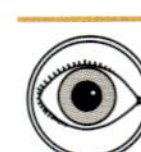

游览班迭萨雷前，先来到它的北侧，绕过围墙来到东侧，从东侧的塔楼进入，能看到长达140米的引道，当时引道上有木质的遮篷，引道分为两层，道路两侧是那伽形状的护栏，引道的尽头是通向庙宇的阶梯，阶梯两旁各有一尊蹲坐姿态的守门石狮。东塔楼的基座建在一座红土平台上，这座长方形的红土平台，宽77米、长83米，一直延伸到最外层围墙，平台四面均设有阶梯，通向位于四面的十字形塔楼，塔楼在围墙水平方向带有两个厅室，而与围墙垂直方向则延伸出两翼。红土围墙实际是一圈回廊，当时的回廊还有遮篷，木质结构上铺着砖瓦，回廊的外墙是封闭的，内墙设有开窗，窗上带有细小的柱子。回廊建在高高的基座上，回廊由列柱支撑，环抱着位于中心的塔殿，同样由列柱支撑的还有一座柱廊，穿过柱廊可直达中央塔殿。东侧既没有回廊也没有柱廊。沿着第二层围墙的回廊绕着塔殿行走，保持塔殿在您的右侧，您会看到精妙的楣饰。在南塔楼外侧的门楣上，能看到刻画着《罗摩衍那》场景的浮雕，第一层围墙的

P256左上图：多头蛇那伽细节图

P256右上图：朝向东塔楼方向的阶梯

门楣浮雕已被风雨侵蚀，但仍能辨认出坐在狮子驾车上的罗波那。第二层围墙的西塔楼的外侧门楣（在这里你可以看到与引道连通的另一座十字形平台）上刻画着《罗摩衍那》的另一个场景，内侧的门楣上则刻画着两个起舞的湿婆。在第一层围墙入口的中央门楣上刻画着神明乘车的场景，车上还有一个造型奇

P256下图：位于东侧的引道以及阶梯两侧的守门石狮

P257上图：第一层围墙的西南角

P257下图：第二层围墙的南塔楼

特的三头动物；位于左侧的门楣刻画着恶魔与猴子打斗的场面。

现在我们再回到东侧入口，经过向上的阶梯后再走过一个向下的阶梯，就进入第一层围墙，这层围墙是一个宽38米、长44米的回廊，回廊的四面均设有砂岩塔楼，塔楼的顶部采用叠涩拱结构。回廊外部的四角都微微凸出，设有阶梯和假门，假门上还装饰着门楣。回廊的顶棚完好无损地保留下来了，回廊的内侧有带着小柱子的盲窗和开窗，但是没有设置门。与围墙内的其他建筑一样，回廊也建在高高的基座上，回廊环绕着一座由那伽装饰的平台而建，这样在回廊上行走就能以不同角度观赏塔殿。

每到雨季，围墙内的红土水池中蓄满了水，塔殿映在水中的倒影分外迷人。回廊的东北角和东南角各有一座藏经阁，藏经阁的前端带一个门廊，顶棚采用叠涩拱结构，形成了三个完全封闭的空间，此外这两个角落各有一个由柱子支撑起来的引道通向塔殿。位于南侧的藏经阁入口门廊的门楣上刻画着一个虔诚的信徒供奉神明的场景，而北侧藏经阁同样位置的门楣上则刻画着毗湿奴斜靠在阿难陀身上的画面。

提到这里最值得观赏的地方，就不得不提假门的装饰和那些用多头蛇形象进行了精巧修饰的阶梯。

为了观赏到第一层围墙内侧的门楣，由于空间局促，您需要站在门楣的侧面，斜视观赏。此外还有一些值得一看的景观，位于东塔楼中间的柱廊有一处描绘神魔对抗场景的浮雕，左侧的柱廊有一处刻画着擎起哥瓦尔丹山的克里希那形象的浮雕。

位于南侧入口中间柱廊的门楣刻画了一位骑在马背上的王子；位于西塔楼的中间柱廊的门楣则描绘着日月同升的画面，在这块门楣后面还有一块刻画着塞犍陀骑在孔雀身上的门楣。从北塔楼出去时，您可以欣赏位于中间柱廊上的门楣，一个住在房子中的女人拿着一把竖琴，而位于这块门楣之后的门楣上是湿婆和乌玛在一起的画面。

尽管这里没有石碑记载，但这座庙宇应该是为供奉毗湿奴而建。庙宇用砂岩建成，采用了很多印度庙宇的元素，如半个曼达波（门廊）、曼达波（柱廊）、过厅（衔接处）以及胎室（内殿）。曼达波是一种呈长方形并带有叠涩拱顶的建筑，为了建筑内的光线充足，在门口两侧的墙体上开窗，窗子上有细小的柱子。曼达波的柱廊和塔楼的柱廊几乎衔接在一起，采用这样的结构是为了加强塔殿的纵向延伸效果。塔殿三面设有假门，入口处有双层门楣，塔殿的第一层建在柱廊门楣之上，上面加盖四层锯齿状宝塔，顶端是一个莲花形状的塔尖，塔尖距离地面21米。

P258上图：第一层围墙西塔楼内侧门楣细节图

P258下图：第二层围墙开窗上的柱子

P259上图：第一层围墙内，那伽形状的护栏环绕的平台

P259下图：第一层围墙西塔楼内侧

5

塔内寺

参观指南

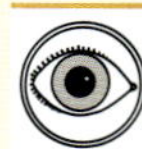

塔内寺（建于12世纪）坐落于东池的西北角，距离西侧堤岸150米。到达塔内寺前，需要在树林中穿行1500米，这段路不允许车辆进入，完全依靠游人步行。除了几块门楣之外，这座庙宇并没有什么特别之处，但是庙宇所处的位置偏僻幽静，为它增添了几分神秘色彩。最近人们在这里设立了一个观测站，来检测气候对石块的侵蚀。去塔内寺的路上会

图释

1 第三层围墙
2 塔楼
3 水池
4 第二层围墙
5 第一层围墙
6 藏经阁
7 宝塔
8 起连通作用的厅室
9 中央塔殿

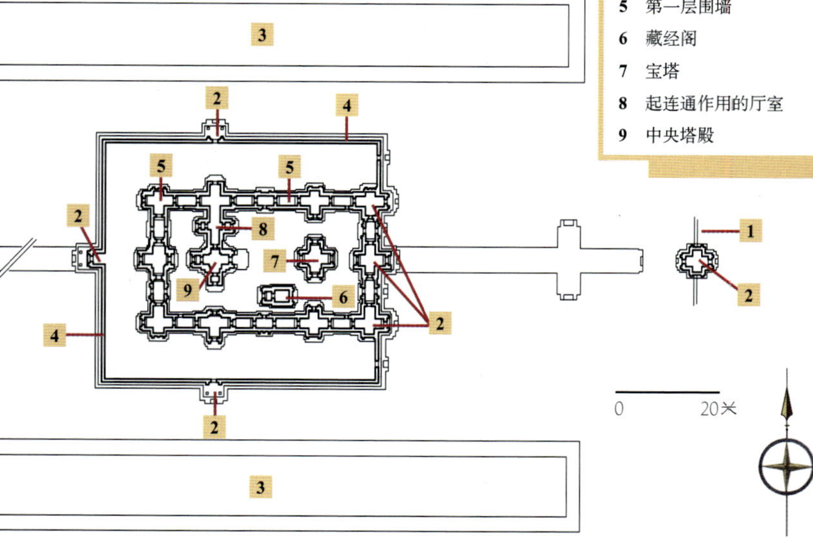

经过茶胶寺的东南角，最终到达塔内寺的西南角，这里距离第三层围墙那座几乎完全损毁的西塔楼很近，围墙的北侧和南侧各有一座长条形水池，绕着围墙走，来到围墙东侧，这里有一条长长的十字形引道，连通围墙外面和东侧塔楼。

第二层围墙宽47米、长55米，四面都有入口，其中东侧的三座塔楼之间还有两个入口，这样形成了东侧的五个入口。位于中间的塔楼南北两侧的塔楼与第一层围墙的南北两翼连通，这样就形成了第一层围墙和第二层围墙共用东侧塔楼的结构。最内层的围墙几经扩建，不断向西侧延伸，达到现在的宽27米、长46米的规模。由于内层围墙向西扩建，西塔楼也随之向西移建，原本第二层围墙宽27米、长35米，当时的西塔楼改建成今天的带有四个前厅的中央十字塔殿。而当时西回廊的北翼被改造成一个连接结构，连通现在的中央塔殿和第一层回廊北侧。第一层回廊内，除了中央塔殿，还有一座孤立的宝塔，以及一座藏经阁。

建筑上的浮雕，似乎没有受到婆罗门教复兴运动中狂热分子的破坏，这里的浮雕有几个值得注意的特点：位于塔殿北侧的前厅中的一处浮雕，刻画着一个泛舟水上的人在诵经祈祷的场面；北侧回廊的南面中部有一处浮雕，刻画着观世音菩萨下半身的样貌；南侧回廊西南角的北面，有一块刻画战士群像的浮雕；位于西北方向的（连通中央塔殿的）塔楼南侧，有一处浮雕上一个骑马的勇士挥舞着手中的利剑；位于西南方向的塔楼北侧墙面上，一个宫廷中的人物在为孩子们诵经祈福。在西塔楼的地面上有一块门楣，上面有两位捐赠者的浮雕，雕像下方是伽罗的头像，另一块位于西南角的建筑中的门楣上雕刻着佛祖和其他神明的形象。

青戎塔

经过吴哥王城的南门，右侧有一条通向城墙的小路，沿着布满各种绿色植物的围墙走1500米米，就来到了青戎塔两座角塔中的一座。塔殿四周有一圈围墙，只在西侧设有一个入口，入口处的门楣构造十分简单，檐口由砂岩筑成，门楣的两端有多头那伽的雕刻图案。一条平整的引道通向架高的平台，平台连通着十字塔殿所在的基座；塔殿包含一个内殿和位于四面的四个前厅，其中东西两个前厅设有入口，另外两个前厅均设有假门。东侧的柱厅前还有一个突出结构，这里曾是一个存放奠基石碑的小型神殿，这块石碑目前保存在吴哥古迹保护办公室。内殿的屋顶保存完好，最顶端是莲花形的尖顶，门楣上原本有观世音菩萨的浮雕，在婆罗门教复兴中，菩萨的手臂遭到破坏后被改造为林伽。穿过吴哥王城的西门，可以来到青戎塔的另一座角塔。

P260上图：第二层围墙入口遗迹

P260下图：第一层围墙与塔殿

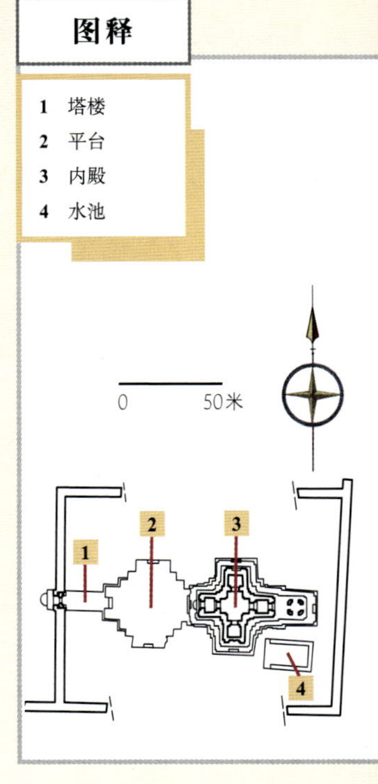

5

班迭哥迪

历史

班迭哥迪的现代名字是“小房间组成的城堡”，通过这个名字，有人猜测这里是僧侣的住所。阇耶跋摩七世于1181年修建了这座庙宇，后期可能由罗贞陀罗跋摩二世时期的建筑师迦维因陀罗梨摩多那在佛教庙宇的废墟上改建成现在的样子。

尽管奠基石碑已无处可寻，人们认为班迭哥迪是阇耶跋摩七世为供奉佛祖而建，以表达对包括佛祖，般若佛母（塔布隆寺以此命名），以及供奉在圣剑寺的观世音菩萨的一佛二菩萨[①]的最高崇敬。塔布隆寺与圣剑寺是为了纪念阇耶跋摩七世的母亲和父亲所建。有学者认为班迭哥迪是为了纪念国王的老师而建的。

P262上图：舞者之厅中的飞天女神壁雕

P262中图：挂毯般的装饰壁雕

P262下图：第四层围墙的东塔楼细节图

P263：塔殿的俯瞰图

①一佛二菩萨（Buddhist triad），指佛教的一个世界中主持教化的佛和两位辅助教化的菩萨，佛教雕塑中常见一佛二菩萨组像。柬埔寨的一佛二菩萨组像通常为佛陀，观世音菩萨和般若佛母组成。

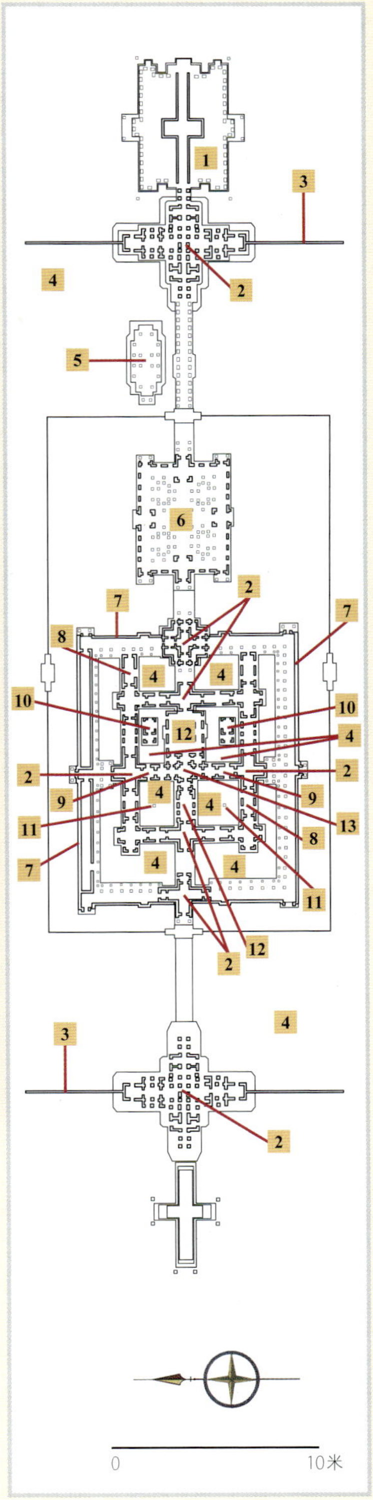

图释

1 平台
2 塔楼
3 第三层围墙
4 内院
5 柱厅形建筑
6 “舞者之厅”
7 第二层围墙
8 第一层围墙
9 三部分构成的厅堂
10 藏经阁
11 带有楔子的立柱
12 起到连通作用的大厅
13 中央塔殿

参观指南

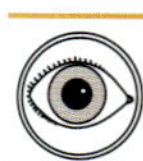

班迭哥迪共有四层围墙。最外层的围墙宽500米、长700米，这层围墙涵盖了后来加建的居民区，建筑是典型的巴戎风格，塔殿的每一面都是观世音菩萨的面部雕像，四角是迦楼罗石雕，四面均有塔楼。

从东侧入口进入，在小路上走上200米左右，经过两座红土和砂岩筑成的建筑的遗址，就来到了十字平台，平台四周围着那伽形状的围墙，围墙的外侧是第三层围墙，这层围墙宽300米、长320米，墙体由红土筑成，围墙外是一圈护城河。刚才提到的十字形平台上还有一层平台，这层平台通向美丽壮观的十字形塔楼，这座塔楼的构造比一般塔楼更为复杂，带有柱厅等多个附属的建筑结构，柱厅的东侧门楣上有一处罗摩的浮雕，浮雕中罗摩手持那只与他形影不离的弓，与他的妻子悉多一同出现。在柱厅最正中的位置有一处佛陀的浮雕，浮雕中佛陀呈盘坐的姿态。穿过塔楼，引道继续向前延伸，引道两旁是那伽形状的护栏，右侧有一座柱厅形建筑，建筑的屋顶可能没有采用耐风雨侵蚀的

P264—265：第三层围墙内的十字形平台与塔楼

P265上图：护栏上的石雕，多头蛇那伽头上的迦楼罗

P265中图：主塔殿的内殿中供奉的现代佛像

P265下图：第四层围墙的东塔楼

材质，因而早已不见踪影，沿着引道向前就来到了“舞者之厅”，建筑内部的墙面上满是翩翩起舞的飞天女神壁雕，由此得名。其实“舞者之厅”是一个被一层宽21米、长26米的围墙包围的长方形建筑，东西两侧各有三个入口，南北两侧各有一个入口，入口处摆放着守门石雕，而壁龛中也有立姿女神浮雕，建筑的墙面上布满了装饰浮雕。建筑内部，柱子呈十字排列，划分出四个小型廊厅。石砖上的红色并不是彩绘的痕迹，而是氧化的结果。

第二层围墙，宽50米、长63米，东塔楼造型别致，采用了双层同心希腊十字构造，而西塔楼的造型则十分简单；此外，加上南北两侧的设置的两个入口，这层围墙还有另外四个入口，其中南侧和北侧入口设有门厅。围墙的内侧设有一圈双柱廊，东西南三面的内圈的柱子稍矮，北侧的柱子和红土围墙融为一体。

回廊的顶采用叠涩拱结构，围墙与外圈柱子间形成一个完整的叠涩拱，外圈柱子与内圈柱子构成半个叠涩拱。回廊上的山墙顶饰依然保存完好。第一层围墙长宽31米、长36米，这层围墙与通过东塔楼以及位于东北东南两角的两个宝塔与第二层围墙连通，这层围墙内共有八座小型塔殿，四座位于围墙四角，四座位于围墙四面，位于围墙四面的小型塔殿其实就是围墙的塔楼，两两相对的塔楼通过狭长的廊厅相连。穿过东塔楼进入通

P266—267：第二层围墙的西侧与第一层围墙内的塔殿

P266下图：塔楼与其凸出的一翼

P267上图：位于第三层围墙内的带有那伽形状护栏的引道

P267中图：第二层围墙内带有半叠涩拱拱顶的回廊

P267下图：第三层围墙内院的柱厅形建筑

向中央塔殿的廊厅，这个廊厅由三个厅室组成。位于廊厅两侧的两个内院各有一座藏经阁。中央塔殿高17.5米，塔身分为五层，塔顶有一个巨大莲花装饰。塔殿的南北两侧各有一个三组厅室构成的建筑连通第一层围墙的南北塔楼，而塔殿西侧则是靠一个狭长的廊厅连接到西塔楼，这个狭长的廊厅两侧各有一座内院，其中一座内院中有一个带有楔子的柱子，功用尚不明确。而右侧内院是欣赏中央塔殿的极佳地点。

西塔楼外还有一个空间更为开阔的内院。这里没有固定的游览路线，如果您不想从西塔楼出去，可以由此原路返回，沿着护城河漫步，欣赏风景。

建筑的装饰是那个时期的典型风格，窗的处理十分潦草，将石质的窗帘拉低，女神像出现在繁复的浮雕花纹中，原本带有佛像的壁龛在阇耶跋摩七世死后的那场复兴婆罗门教的运动中被毁坏。

◆ 库提斯跋罗寺 ◆

穿过班迭哥迪的北塔楼步行200米，向左转，穿过稻田就能看到河岸上那片被荒草覆盖的遗址。遗址中有三座砖筑宝塔，宝塔东侧设有砂岩阶梯。这里有一处非常有趣的门楣，门楣放置在地面上，上面是四头神梵天（浮雕上只能看到三个头）的浮雕。

P268—269：第一层围墙的内院

P268下图：连接中央塔殿内殿的厅室

P269上图：带有女神浮雕的壁龛以及浮现在植物花纹中各式人物浮雕

P269左下图：通向塔殿的廊厅

P269右下图：“舞者之厅”墙壁上的飞天女神浮雕

5

王家浴池

参观指南

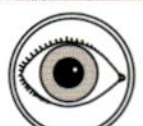

王家浴池位于班迭哥迪的东侧，修建于10世纪，设计者迦维因陀罗梨摩多那是罗贞陀罗跋摩二世时代的建筑师，这座水池是一座早已不复存在的佛教寺庙的附属建筑。水池经过重建，目前的规模是宽350米、长700米，水池边沿有一圈砂岩，砂岩的年代可追溯到阇耶跋摩七世时期。位于水池中央的废墟似乎表明这里曾有一座小岛，岛上的建筑可能由于使用了不易保存的材料，而没能留存下来。

水池西侧有一处宏伟的栈桥。这里经过了精心的修缮，看到这处栈桥就能想象吴哥时期这里有多少座同样壮观的栈桥。岸边有一座红土筑成的平台，也是阇耶跋摩七世在位期间修建的，平台上曾有一座亭子，同样采用了不易保存的材料建造，因而没能留存下来，平台呈十字形，共分三层。平台与栈桥间由阶梯连通，阶梯两侧有守卫石狮，而栈桥的外围设有那伽形状的扶栏：扶栏的尽头是三头那伽石雕，那伽头上依然是羽翼大张的迦楼罗[①]；石雕背面，那伽的

①迦楼罗，在神话传说中，迦楼罗与那伽是同父异母的兄弟，但是他们却生而为敌。相传迦楼罗每天要吃掉一条大那伽和五百条小那伽。

P270上图：栈桥中央阶梯旁的守卫石狮（细节）

P270—271：王家浴池上的日落场景

P271上图：水池中的那伽残像

P271下图：扶栏上的多头蛇那伽石雕的背面

另几个头出现在迦楼罗的翅膀和尾部之间。

王家浴池的景色十分迷人，在落日时分，夕阳的余晖洒在水面上，这里更是冥想的绝佳去处。

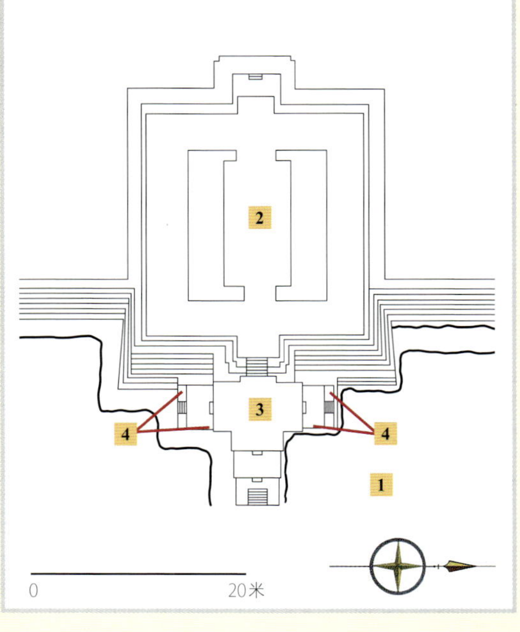

图释

1 水池
2 平台
3 栈桥
4 扶栏

第六章
考古公园外部游览建议

章节导读

比起吴哥遗址中那些伟大的建筑杰作，这些建筑略显逊色，但是对于欣赏过吴哥遗址公园中每座建筑的人，这里推荐的游览景观依然充满趣味。

因陀罗考尔赛寺，位于暹粒最受欢迎的宗教建筑群内，通过这些建筑我们可以一窥高棉时代的庙宇生活。

乘船经由西池游览西梅奔寺，眼前的景象不禁令人想象过去这座水池的宏大规模，也可在亚扬寺稍作停留，这里可以满足想要看尽每一处高棉建筑遗址的游客。还可以徒步到荣寺一游，这座简朴的寺庙对面就是洞里萨湖，岸边的民生百态正是巴戎寺浮雕所诠释的画面在现实中的延续。

最后一个推荐景观是周穗韦伯寺，路上会经过崎岖的乡间小路，四周的乡村风光与吴哥鼎盛时期的别无二致。

P273：在西梅奔寺发现的毗湿奴躺靠在阿难陀身上的雕像

6

西池

高棉时期的城池建立在一片广袤的冲积平原上，上面河流交汇，流入洞里萨湖或位于吴哥南部的大湖（Great Lake）。柬埔寨的地势西北偏北略高于西南偏南，高棉的统治者利用这个地势特点建造了复杂的水利系统，汇集湖泊和运河中的水来灌溉下游的土地。这张水利网的中心就是水池，这些大型的蓄水池收集雨水以及河流中排出的河水。在测算了挖凿水池的深度后，标记出挖凿范围，在标记线的两侧同时挖土，利用挖出来的土建造堤岸。这样堤岸的两侧都有水道，内侧是一个容量巨大的蓄水池，外侧有一圈水道，用来排水和容纳水池溢出的洪水。流到外侧水池中的水量与内侧蓄水池中的最高水量齐平，水位可达到1米，略低于最低的堤坝，而堤坝的作用是保证流入的水面高于平原。堤坝高度低于入水口，这样高处的水会流入水池，再由水池流向低处灌溉稻田。

利用当地的地势建立的这座水利系统要比在盆地中挖凿水利系统节省成本和人工，由此产生的“农业剩余”为国家的官僚体制和军队的有效运转提供了强有力的支撑，大大提升了公共设施建设，也为修建大型的建筑群，保护宗教建筑提供了保障。

这张水利网在城市规划中也起到了至关重要的作用，历代王城的边界都有一座宽阔的护城河，河面上架设着横跨河岸的堤道，而纵横交错的运河仿佛一张网，划分出一块块区域，形成一个个生活社区和各类职业汇集的地带。那些埋在地下的管道为人们提供清洁的水源，让当地人免受污水困扰。依照印度的建造模式，道路的交叉处一律是直角，最主要的一条路呈东西走向，被称为王家大道。与另一条轴向动脉的交汇处象征宇宙的中心，因此是主庙选址的最佳地点，主庙是宇宙山的象征，与东南西北相连，并通过神明的世界与凡间连通。神明对此感到满意，就赐予人类雨水，而君王则要将神赐的水分给他的子民。对于此举的神圣性的佐证就是护城河以及水池都建在寺庙周围，这也验证了水的恩赐是源于君王神圣的美德这一事实。

只有组织性极强的中央集权才能保证这样的水利系统顺利运营，因为一旦水池出现淤泥堆积就要保证及时清理。自古以来，当地人收割稻米都需要付出极其辛劳的体力劳动，可能是一贯的繁重劳动让他们对清理水池的工作心甘情愿。高棉末期的大兴土木和连年不断的征战使农作物减产严重，同时削弱了统治者在国民心中的威信。12世纪之后，高棉帝国继续开凿运河，修建堤坝桥梁，由于吴哥城洪水泛滥、塌方频发，这些工程多在这些地方进行。自此，中南半岛上最精妙的水利系统逐渐瓦解。

877年，因陀罗跋摩一世修建了位于洛雷寺的因陀罗塔塔迦湖（又称“因陀罗之池”）。水池于889年完工，宽

800米、长3800米，与水道垂直，顺着地势的坡度而建。通过水利系统从罗洛士河中调水注满水池，这些水不仅可以灌溉稻田，也为神牛寺、巴空寺、瑞孟提寺等寺庙提供水源，而因陀罗跋摩一世的宫殿可能就建在瑞孟提寺一旁。如今水池已经干涸。

耶输陀罗塔泰卡水池，又称东池，从因陀罗跋摩一世在位期间动工，于890年耶输跋摩一世在位时期完工。东池宽1800米、长7000米，池水源自新王城因陀罗补罗的东护城河——暹粒河，河水部分注入东池，部分引入运河。东池目前也已干涸。

宽广的西池从奥可洛克河（O Klok River）中调水，水池宽2200米、长8000米，苏利耶跋摩一世下令修建，于优陀耶迭多跋摩二世在位期间完工。西池中水量较为充足，水位达到水池深度的四分之三。

阇耶塔塔迦湖，即胜利水池，宽900米、长3500米，由阇耶跋摩七世修建，阇耶塔塔迦湖巧妙利用地势的坡度，为多条运河组成的水利网提供了水源：水流从地势较高的东北方流向西南方的崩同水池，流入水池中的污水最终排放到外侧的河道中。这些由红土筑成的河道、运河以及进排水口形成了中南半岛上最完美的水利系统。

◆因陀罗考尔赛寺◆

因陀罗考尔赛寺坐落在暹粒市内的考古公园外的南侧，建筑沿河而立，位于吴哥保护区公园（Angkor Conservation Park）的东侧。虽然这座建筑目前在一座现代寺院内，但其周围依稀可见围墙和塔楼的痕迹，甚至还有围墙内曾经的两座并排而立的塔殿的遗迹，一座五层塔殿，一座四层塔殿，他们旁边的第三座塔殿仅留下了一个基座。附近还有几座近期修建的舍利塔，值得一看的是位于主塔殿内的门楣上浮雕刻画的翻搅乳海的场面。其中四头的梵天，骑在牛背上的湿婆神最易辨认，其次是蛇，坐在神龟身上的毗湿奴以及一众神魔。尽管画面上缺少因陀罗，这块门楣浮雕仍然十分精美。

P276：西池掠影

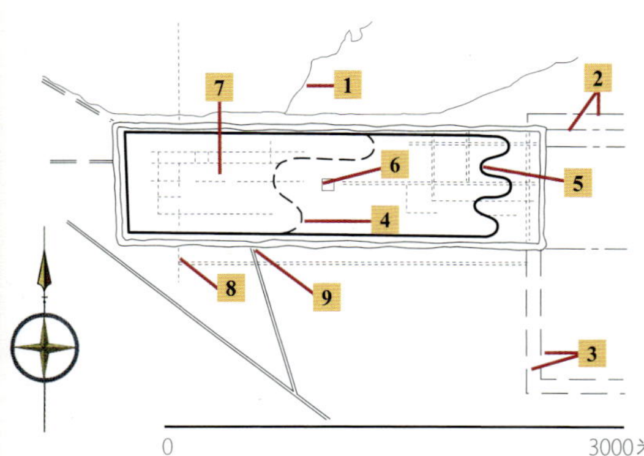

图释

1 古时奥可洛克河的流向轨迹
2 学者们推测的王城因陀罗补罗护城河位置
3 目前可见的王城因陀罗补罗护城河遗址位置
4 旱季的水位
5 雨季的水位
6 西梅奔寺
7 7世纪至8世纪间可能有人在此居住
8 亚扬寺
9 现代修建的进水口及栈桥

6

西梅奔寺

参观指南

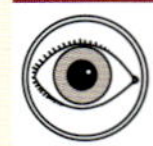

西梅奔寺是西池中的一座人工岛，在水池的堤坝边搭船即可登岛。

西梅奔寺可能是由优陀耶迭多跋摩二世修建的，很遗憾几乎完全毁坏。这里并非一般意义上的圣所，建筑外围是一圈边长70米的围墙，围墙垒在10米高的基座上。围墙的顶端是叠涩拱一般的宽大飞檐，飞檐上垂下的石块呈莲花蓓蕾的形状。围墙的每一边都有三个塔楼通道，塔楼上设有五个装饰开窗。现在东墙依然值得一看，塔楼的楣饰上刻画的动物栩栩如生，通过这些生动的浮雕可以想象这座建筑当时有多么绚烂美丽。

围墙内的中心地带有一座砂岩平台，上面有一个简易的建筑，有一条长43米的引道连接建筑和东墙，引道最宽处8米，最窄处4米。平台中心有一个石质结构，上面有呈螺旋状的阶梯直通一口2.7米深的井，井的外观呈倒置林伽的形态，石质结构的东侧有一个方形的水池，一

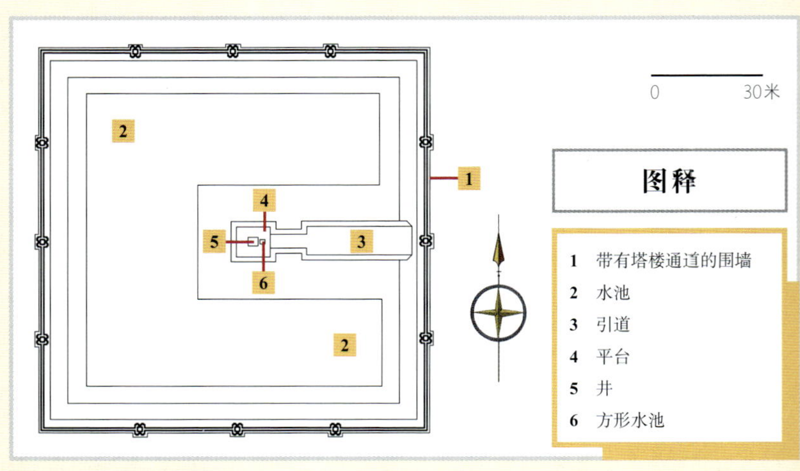

P278上图：塔殿顶端呈莲花蓓蕾形态的装饰

P278下图：围墙与东墙的塔楼通道

P279：毗湿奴躺靠在阿难陀身上的铜质雕像细节图，现藏于金边国家博物馆

个深埋在地下的铜管向水池输水。

这口井大概是用来估测水池的水位的。有一座U形水池包围整个建筑群的三面。考古学家在此处发现了一尊高大的高棉时期的毗湿奴躺靠在阿难陀身上的铜质雕像（Vishnu Anantashayin），这尊残破的铜像现存于金边国家博物馆。仅有头部，右侧两只手臂以及上半身的上部保存完好，通过现存的部分推测这尊铜像原本的规模高达6米。

亚扬寺

参观指南

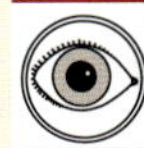

在西池岸边左转向西步行400米就到达了亚扬寺遗址，这座寺庙左侧偏低。亚扬寺，意为“哭泣的小鸟”，本是前吴哥庙宇群中的一座寺庙，整个庙宇群如今已有部分下沉到堤岸之下。这是我们目前所知的最为古老的庙宇，却难以分析解读。亚扬寺建在一座高台之上，高台四角均有塔殿，此外另有六座塔殿，在高台之上垒加另两层平台，最上层平台上伫立着砖筑的中央塔殿。内殿中供奉着林伽石雕，石雕下有一孔13米深的竖井，通向贮藏贡品的地下仓库。拱门上的门楣，楣饰，坠饰都具有前吴哥风格。建筑上的各个部件有不同的制造时间，从7世纪到9世纪时间各异，很多部分明显是从更早期的建筑上挪用的。

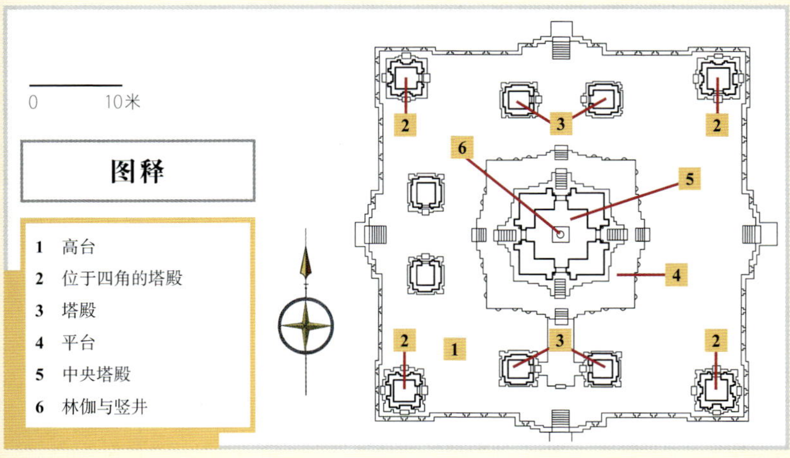

6

荣寺

参观指南

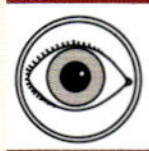

荣寺距暹粒市11千米，是与巴肯山、布寺同时期的庙宇，为供奉三相神而修建，坐落在137米的小山上，四周有一圈红土围墙，围墙四面各有一座十字塔楼。围墙内现存十座长方形红土建筑的遗迹，四座在东侧，南侧北侧和西侧各有两座，建筑上曾经带有木质架构的屋顶，上面铺以瓦片，如今已不复存在。除了上述的四座建筑，东侧还有四座藏经阁，两座砖盖的位于两端，砂岩筑成的两座立在中间。围墙内还有一座平台，沿着阶梯可拾级而上，两侧摆放着石狮雕像，平台上有三座砂岩塔殿，塔殿东西两面各设一个入口，南北两面设有假门。可惜现在这三座塔殿非常残破，不过尚能找到过去的装饰痕迹，中央塔殿里曾有湿婆雕像，北塔和南塔中也曾分别有毗湿奴和梵天雕像，现在三座塔殿中还留有雕像的基座，其中南侧塔殿的雕像基座上还刻着神鹅桓娑的图案。这座寺庙被幽暗的氛围笼罩着，山下的洞里萨湖湖水氤氲，更显神秘。

◆ 周穗韦伯寺 ◆

周穗韦伯寺位于考古公园之外，过了班迭萨雷，穿过乡村郊野才能到达，建筑虽然残破，却十分有趣，值得一看。

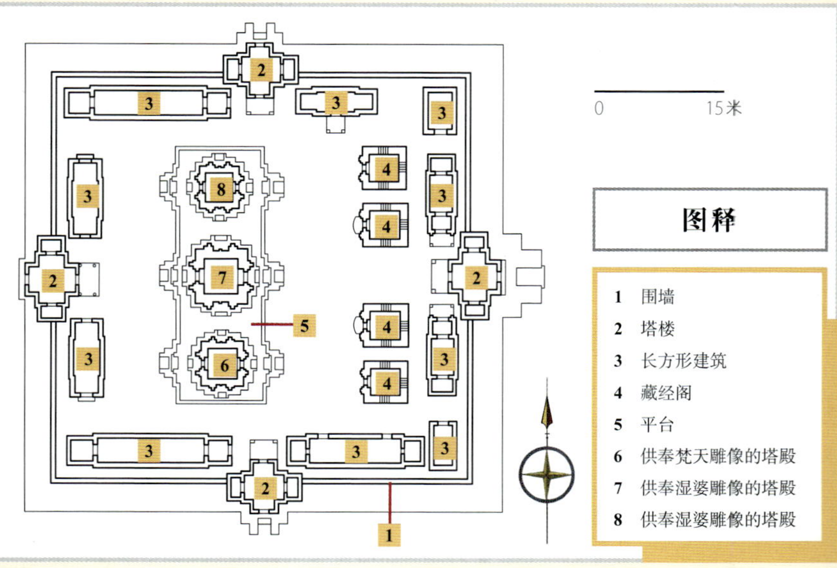

P280：内殿中的石雕基座

P281上图：长方形建筑与藏经阁遗址

P281中图：位于同一基座上的三座塔殿

P281下图：周穗韦伯寺遗址

术语表

阿修罗（asura）：恶魔。

跋摩（varman）：意为爱与庇护，出现在统治者的名字中意为“守护”，例如Jayavarman（阇耶跋摩），意为受到胜利的庇护。

不死甘露（amrita）：具有长生不老功效的仙馐。

顶成肉髻相（ushnisha）：佛祖头顶凸起的发髻。

筏罗诃（Varaha）：野猪筏罗诃，毗湿奴的化身之一。

飞天女神（apsara）：舞动的仙女。

佛王（Buddharaja）：诸佛之王

伽罗（Kala）：吞噬一切的恶魔。

古鲁（guru）：精神导师。

国土（rajya）：这里指王权。

化身（avatara）：神变化自身样貌后降临人间。

桓娑（Hamsa）：梵天坐骑，是一只脖颈处长着条纹羽毛的神鹅。

王家寺庙（rajavihara）：梵语，意为王家寺庙。

祭祀（atman）：毗湿奴的八个化身之一。

迦楼罗（Garuda）：毗湿奴坐骑，外形半人半鸟。

姜金那利（Kinnari）：长着翅膀的女性。

精神导师（vrah guru）：（高棉语和梵语的合成词）意为神圣的精神导师。

净修林（ashrama）：隐居修行的处所。

君主（kamrateng）：古高棉语，意为君王。

立姿女神（devata）：站立姿态的仙女。

林伽（lingam）：阴茎状的石雕，象征湿婆。

罗阇（raja）：君王。

马蹄形拱门（kudu）：呈马蹄形状的拱门。

曼陀罗（mandala）：具有象征性的图形，代表宇宙构成和心灵。

摩伽罗（Makara）：神话中的水怪，头上长有犄角。

那姬尼（Nagini）：雌性那伽。

那伽（Naga）：神话形象，外形近似于眼镜蛇。

那伽龙王（Nagaraja）：那伽龙王一共有八位。

那罗希摩（Narasimha）：毗湿奴的坐骑，外形半人半狮。

逆时针绕行（prasavya）：丧葬仪式中的祭拜活动之一，逆时针绕行表达对逝者的敬意。

涅槃（Nirvana）：是佛教全部修习所要达到的最高理想，一般指熄灭生死轮回后的境界。

婆罗门（Brahmana）：印度种姓制度中地位最高的阶级，祭祀贵族。

菩萨（bodhisattva）：又译作菩提萨埵，菩提是佛道，萨埵是众生，众生发心求入佛道即为菩萨。

菩提（bodhi）：指对佛教真谛的觉悟。

三相神（Trimurti）：印度教中由梵天、毗湿奴和湿婆组成的三位一体的神，分别象征创造、守护和毁灭。

舍利塔（stupa）：存仿佛祖释迦牟尼或高僧的舍利子的宝塔。

神盘（cakra）：边沿尖锐的圆盘，毗湿奴的武器之一。

守护神（genius loci）：某地区特有的保护当地人的神明。

守门天（dvarapala）：印度教和佛教中的门神。

首都（nagara）：梵文，意为首都。

顺时针绕行（Pradakshina）：以顺时针方向祭拜，神明的雕像一直在信徒的右侧。

寺（Wat）：泰语，意为寺庙。

塔殿（prasat）：金字塔形的庙宇。

塔楼（gopura）：寺庙围墙的入口所设的供人出入的建筑。

提毗（devi）：女神。

提婆罗阇（Devaraja）：神王。

天（Loka）：代表天或世界。

天神（devas）：神明。

具（yantra）：意义深奥的图表。

夜叉（yaksha）：攀附在树上的精灵，夜叉在佛教和印度教中夜叉均有若干不同的形象，本书中作者提到的夜叉指一种手攀娑罗树枝条的夜叉。

宇宙七重天（saptaloka）：印度教神明的居所。

圆寂（parinirvana）：指达到了佛教的终极境界——涅槃，通常称僧侣的离世为圆寂。

约尼座（snanadroni）：带有圆形凹陷的基座，用来放置林伽，表面是阴唇的形态，代表女性和母体。

转轮圣王（cakravartin）：转轮代表秩序，拥有转轮的人就是世界及全宇宙的统治者。

参考文献

雕塑类

Boisselier, J., *La statuaire khmere et son évolution,* Pub. de l' EFEO, vol. XXXVII, 2 tomes, Saigon, 1955.

Dupont, P., *La statuaire préangkorienne*, Artibus Asiae, Ascona, 1955.

Giteau, M., *Khmer Sculpture and the Angkor Civilization,* tr. by Diana Imber, Harry N. Abrams, NY 1966.

陶器类

Groslier, B. P., *Introduction to the Ceramic Wares of Angkor,* in "Khmer Ceramics 9th-14th Century," Southeast Asian Ceramic Society, Singapore, 1981.

Rooney, D., *Khmer Ceramics*, Oxford University Press, Kuala Lumpur, 1984.

综合类

Albanese, M., *Angkor: fasto e splendore dell'impero khmer*, ed. White Star, Vercelli, 2002.

Angkor et dix siècles d'art khmer, Catalogue de l'exposition à la Galerie nationale du Grand Palais, Réunion des Musées Nationaux, Paris, Jan.-May 1997.

Boisselier, J., *Trends in Khmer Art, tr. by Natasha Eilenberg and Melvin Elliot,* Ithaca, Cornell University, 1989.

Boisselier, J., *Le Cambodge*, in "Manuel d'archéologie d'Extrême Orient, Asie du sud-est, Tome I," Picard et Cie, Paris, 1966.
Coedès, G., *Angkor, an Introduction,* Tr. by Emily Floyd Gardiner, Oxford University Press, Hong Kong, London, 1963. (A translation of Pour mieux comprendre Angkor).
Coedès, G., *Angkor, an Introduction,* Oxford University Press, London, 1963.
Coral-Rémusat, G. de, *L'art khmer: Les grandes étapes de son évolution,* Vanoest Editions d'art et d'histoire, Paris, 1951.
Dagens, B., *Angkor: Heart of an Asian Empire,* tr. from the French edition by Ruth Sarman, Harry, N. Abrams, New York, 1995.
Le Bonheur, A., *Art khmer*, RMN, "Petits guides des grands musées" n. 60, Paris, 1986.
Mazzeo, D. and Silvi Antonini, C., *Civiltà khmer,* in "Le grandi civiltà," Mondadori, Milan, 1972.
Zéphir, T., *Khmer: Lost empire of Cambodia,* Thames and Hudson, London, 1998.

历史类

Briggs, L. P., *The Ancient Khmer Empire,* White Lotus, Bangkok, 1999.
Chandler, D. P., *A History of Cambodia,* Westview Press, Boulder, Colorado, 1983.
Chou Ta-Kuan, *The Customs of Cambodia,* The Siam Society, Bangkok, 1992.
Coedès, G., *Un grand roi du Cambodge: Jayavarman VII,* Phnom Penh, 1935.
Dauphin-Meunier, A., *Histoire du Cambodge,* PUF, Paris, 1968.
Frédéric, L., *La vie quotidienne dans la péninsule indochinoise à l'époque d'Angkor: 800-1300,* ed. Hachette, Biarritz, 1981.
Giteau, M., *Histoire de Cambodge,* Didier, Paris, 1957.
Giteau, M., *Histoire d'Angkor,* Que sais-je?, Paris, 1974.
MacDonald, M., *Angkor and the Khmers,* Oxford University Press, London, 1990.
Sahai, S.: *Les institutions politiques et l'organisation administrative du Cambodge ancien (VI- XIII siècles)*, EFEO, LXXV, Paris, 1970.
Thierry, S., *Les Khmer*, Le Seuil, Paris, 1964.

建筑类

Dumarçay, J., *Phnom Bakheng: Etude architecturale du temple,* EFEO, Paris, 1971.
Filliozat, J., *Le Symbolisme du monument du Phnom Bakheng*, in BEFEO, XLIV, 1954.
Finot, L., Goloubew V., Coedès G., *Le temple d'Içvarapura (Banteay Srei)*, EFEO, Paris, 1926.
Finot, L., Goloubew V., Coedès G., *Le temple d'Angkor Vat,* EFEO, Paris, 1927-1933.
Mus, P., *Les Symbolisme à Angkor Thom: le grand miracle du Bayon*, in Comptes rendus de l'Académie des Inscriptions et Belles Lettres, 1936.
Nafilyan, G., *Angkor Vat: Description grafique du temple*, EFEO, Paris, 1969.
Parmentier, H., *Angkor,* Portail, Saigon, 1950.
Stierlin, H., *Angkor,* Architecture Universelle, Office du Livre, Fribourg, 1970.
Stierlin, H., *Le monde d'Angkor,* Princesse, Paris, 1979.
Stern, P., *Les monuments du style khmer du Bayon et Jayavarman VII,* Paris, 1965.
Stern, P., *Le Bayon d'Angkor et l'évolution de l'art khmer*, Annales du musée, Bibl. de vulgarisation, t. 47, Librairie orientaliste P. Geuthner, Paris, 1927.
Vann, Molyvann., *Les cités khmer anciennes,* Toyota Foundation, Phnom Penh, 1999.

旅游导览类

Comaille, J., *Guide aux Ruines d'Angkor,* Hachette, Paris, 1912.
Glaize, M., *Le guide d'Angkor: les monuments du groupe d'Angkor,* Maisonneuve, Paris, 1963.
Jacques, C., *Angkor*, Bordas, Paris, 1990.
Jacques, C., Freeman M., *Angkor, cité khmer,* River Books Guide, Bangkok, 2000.
Laur, J., *Angkor, temples et monuments*, Flammarion, 2002.
Lunet de Lajonquière., *Inventaire descriptif des Monuments du Cambodge,* EFEO, vol. IV, VIII et IX, Leroux, Paris, 1902-1911.
Marchal, H., *Nouveau Guide d'Angkor,* Phnom Penh, 1961.
Marchal, H., *Les Temples d'Angkor,* Guillot, Paris, 1955.

其他参考文献

A l'ombre d'Angkor: Le Cambodge années vingt, Musée Albert Kahn, Paris, 1992.
Coedès, G., *Inscriptions du Cambodge,* 8 volumes, EFEO, Hanoi and Paris, 1937-1966.
Jacques, C., *Conservare l'impossibile,* in *Archeo*, XI n. 3, March 1996, Rizzoli-De Agostini, Rome.
Garnier, P., Nafilyan G., *L'art khmer en situation de réserve,* Éditions Européennes, Marseille, 1997.
Groslier, B. P.: *The Arts and Civilization of Angkor,* tr. by Eric Ernshaw Smith. New York, Praeger, 1957.
Groslier, B. P.: *Mélanges sur l'archéologie du Cambodge,* 10th printing, Presses de l'École Française d'Extreme Orient, Paris 1997-98.
Groslier, B. P., *Archéologie d'un empire agricole. La cité idraulique angkorienne,* in "Le Grand Atlas Universalis de l'archéologie," 1985.
Le Bonheur, A., *Cambodge, Angkor, temples en péril,* Herscher, Paris, 1989.
Roveda, V., *Khmer Mythology: Secrets of Angkor,* River Books, Bangkok, 1997.

索引

粗体数字： 名词出现的章节页码范围。
c：词语出现在标题，图注，图释等非正文内容中。

摄影版权

除以下标注的照片，本书其他摄影作品均由白星图片库合作摄影师利维奥·波旁（Livio Bourbon）拍摄。

Stefano Amantini/Atlantide: page 7
Aurora Antico/Archivio White Star: pages 91 top, 99 bottom, 101 bottom, 107 bottom, 134, 136 bottom, 177 bottom, 226 bottom, 229 center, 233 bottom, 241 bottom, 243 bottom, 260 bottom, 261, 271 bottom, 277, 278 top, 279 bottom, 280
Archivio White Star: pages 70-71, 71
Antonio Attini/Archivio White Star: pages 14-15, 32-33, 43, 52, 53, 59, 60 top, 60 bottom, 60-61, 62, 63 top, 63 centro, 63 bottom, 100, 132, 132-133, 140 top, 141 left, 141 right, 150, 151 center, 151 bottom, 152 top, 152 bottom left, 153, 154 left, 154 right, 156-157, 157 top, 158 top, 158 bottom, 158-159, 159, 160 top, 160 center, 160 bottom, 160-161, 161, 162, 162-163, 163 top, 163 center, 163 bottom, 164 top, 164 bottom left, 164 bottom right, 165 top, 165 center, 165 bottom, 168-169, 169 left, 169 center, 169 right, 170, 171 top, 171 bottom left, 171 bottom right, 180 top, 180 bottom, 182, 183 top, 183 bottom, 184-185, 190 top, 190 bottom, 191 top, 191 center, 191 bottom, 195 center, 197, 201 left, 202 top, 202 bottom, 203, 204 top left, 204 bottom, 205 top, 205 bottom, 210 left, 210 right, 211, 214 top, 214 bottom, 215 top, 215 bottom, 217 top, 219 top, 219 bottom right, 229 top, 230 bottom, 232, 232-233, 234 top, 234 center, 234 bottom, 234-235, 238, 238-239, 239, 240 right, 241, 255 top, 260, 265 top, 265 center, 265 bottom, 267 top, 267 bottom, 269 bottom right, 281 top, 281 center
Thomas Beringer: pages 137 bottom, 276 detail
Marcello Bertinetti/Archivio White Star: pages 32 right, 113, 120 top, 120 bottom left, 122-123, 125 bottom, 127, 152-153, 154-155, 157 center, 173
Armando Borrelli/Archivio White Star: pages 35, 36, 42, 54-55 bottom, 56-57
Angelo Colombo/Archivio White Star: pages 12-13, 18-19, 21, 44, 45, 46, 47, 50-51, 52 bottom, 54-55 top and center, 78-79, 80, 85, 93 bottom, 104 bottom, 108 bottom, 114, 115 top and bottom, 116-117, 131 bottom, 139, 146-147, 149 bottom, 181, 193 left, 198-199, 200-201, 209 bottom, 222-223, 236, 247 bottom, 252-253, 255 bottom, 263 left, 274-275
Leonard de Selva/Corbis/Contrasto: pages 74-75
Ecole Nazionale Superieure des Beaux Arts, Paris: pages 72-73
Michael Freeman/Corbis/Contrasto: pages 26, 30, 31, 41, 41 detail, 64-65, 221, 235
Richard Lambert/RMN: pages 2-3
Erich Lessing/Contrasto: pages 272-273
Chris Lisle/Corbis/Contrasto: page 281 bottom
Christophe Loviny/Corbis/Contrasto: pag. 263 left
Kevin R. Morris/Corbis/Contrasto: pages 68, 137 top, 174-175, 175 top, 176-177, 192 detail, 192 top, 270-271, 278 bottom
Thierry Ollivier/RMN: pages 34, 64
Luca I. Tettoni/Corbis/Contrasto: pages 9, 16, 22 left, 22 right, 23, 25, 27, 28, 29, 66, 69 left, 69 right, 192 bottom, 207, 227 bottom
Luca Tettoni Photography: page 17
Kimbell Art Museum/Corbis/Contrasto: page 67

作者简介

本书作者马里利亚·阿尔巴内塞（Marilia Albanese）女士曾深入研习印地语及印度文化，获得梵文与印度学学位，现任意大利非洲和东方研究所主任，任教于蒙扎（Monza）庞蒂维亚大学国际神学院，教授印度教与佛教入门课程。

自20世纪70年代末开始，阿尔巴内塞女士在多家瑜伽教师培训学校教授印度文化课程，并就这一主题出版了多本著作。阿尔巴内塞女士现为意大利瑜伽教师协会主席。

30年前，为了解印度艺术，并探究其深远意义，阿尔巴内塞女士游历了印度及中南半岛，并深入柬埔寨进行实地考察，对与印度教象征主义密切相关的高棉文明展开研究。此外，阿尔巴内塞女士还是一名自由撰稿人，她活跃于各类会议，撰写相关主题文章，论文和书籍。她曾为多本白星出版社发行的书籍供稿，包括《失落文明的辉煌时刻》（*Splendors of the Lost Civilizations*，1998年），《伟大的宝藏：戈德史密斯艺术，从古埃及到20世纪》（*The Great Treasures*：*The Goldsmith's Art from Ancient Egypt to the 20th Century*，1998年），《世界上最伟大的王宫》（*The World's Greatest Royal Palaces*，1999年）和《永远的栖息地》（*The Dwellings of Eternity*，2000年）。此外，她还出版了自己的三本著作，《北印度：考古遗址指南》（*Northern India*：*Guide to the Archaeological Sites*，1999年），《古印度：从起源到公元13世纪》（*Ancient India*：*from the Origins to the 13th Century AD*，2001年），以及《吴哥：高棉文明的辉煌》（*Angkor*：*Splendors of the Khmer Civilization*，2002年）。

P288：位于女王宫南藏经阁上的三角门楣，浮雕刻画着拥有无数头部和手臂的恶魔罗波那